家で「肉食」を極める！

肉バカ秘蔵
レシピ

大人の肉ドリル

松浦達也
フードアクティビスト

マガジンハウス

はじめに

「うまい肉が食べたい！」。いきなり訪れるこの欲求には、どうあがいても逆らえない。しかもタチの悪いことに、この衝動は早朝から深夜まで、平日・週末を問わずに訪れる。さらにもうひとつ肉が性悪なのは、ステーキを食べても半日たてばから揚げに惹かれてしまい、ハンバーグを食べた数時間後には、しゃぶしゃぶに引き寄せられる――。というふうに、一時的に発作はおさまっても、すぐに違う肉への煩悩がかきたてられてしまうこと。

肉の魅力は肉の数だけある。そして「うまい肉」には必ず理由がある。もちろんプロの技術と食材があってこそ実現できる「うまさ」もあるが、特に難しいことをしなくても一般家庭の調理器材で驚くほどおいしいものは作ることができる。プロが使う手法の狙いや効果を知れば、違うルートからの攻略だって十分可能だ。

この10年ほど「調理の科学」が飲食店の調理手法に大きな影響を及ぼすようになった。例えば20世紀までの昆布だしは、「昆布を水から入れて、沸騰直前で引き上げる」が絶対的な常識だった。しかし2002年、大学の研究チームによる実験で「昆布のグルタミン酸を最大限に引き出すのは、60℃で1時間加熱」という新説が提唱された。その後、かつお節も含めて、和食のだしのひき方は再構築された。

肉料理のレシピでも「肉の表面を焼きかためて、うまみを閉じ込める」という記述を見かける。だが実は100年近く前にこの説は否定されている。肉の表面を焼きかためるのは、うまみを閉じ込めるためだけではなく、メイラード反応という化学変化で焼き目に伴う香気成分を生み、風味を豊かにするためだ。

情報チャネルが増えたいまも〝常識〟はゆっくりとしか変わっていかない。それどころか情報のノイズは増え、正しい情報に行き着くのにますます手間がかかるようになった。

本書では「家の肉をおいしくする」ために有効だと思われる論拠を学術論文や各種文献からひもといた。家庭の台所でも応用できそうな手法を徹底検証して、普遍的に使える要素を抽出し、レシピという形にまとめた。P72のハンバーグのようにすべての工程を、いちから洗い直したレシピも多い。論拠やロジックは、各レシピにいくつか添えた「ポイント」と、各パートのレシピ直後に書いたコラムに集約した。「味」には万人に通じる〝正解〟はない。だが、理屈がわかれば自分好みの方向へと味を自由に展開させることができるはずだ。

世の中に「おいしい」の数は無限にある。それは素材の個体差や、個人の好みや体調にも左右される。本来、加熱時間や調味料の量は数値化できないはずのものだ。しかし「なぜその手順が必要か」を知れば基準や手順のずらし方がわかり、食べ手に合わせたチューニングもできる。

本書の柱は「肉」である。肉で喜ばれたらその席は成功したも同然だ。僕自身にも経験がある。2010年、宮崎で起きた口蹄疫以降、毎年春と秋に友人たちと開催していた「宮崎牛BBQ部」という大人の部活動では毎回70kgもの肉を仕入れ、200人でもりもり焼いて食べた。数kg～十数kgのブロック肉をハンバーグから汁物までさまざまな形に加工した。もちろん、かたまりでドーンと焼いて切り出しもした。とにかく肉の引力はものすごい。

シニアインストラクターの末席に加えていただいている日本BBQ《バーベキュー》協会の「BBQ検定」でも、肉が焼けると人の輪ができ、場の空気が盛り上がる。立ち上げから参加している、調理ユニット「給食系男子」でもかたまり肉ばかり焼いていたら、「そこの肉の人！　次の肉は!?」と詰め寄られるようになった。どんなコミュニティでも「うまそうな肉」は最強なのだ。

中面に掲載したレシピはひとつの例である。その土台にある理屈をすくい取っていただき、読者の皆様のお手持ちのレシピがさらに喜ばれるものになったら、これほどの喜びはない。

松浦　達也

もくじ

3 はじめに

第一章

＼かたまりこそ正義！／

肉塊というごちそう！

＼肉汁ジュバァッ！／
10 **ビーフステーキ**

12 「おいしい肉」の法則。

15 牛色チャートつき温度計

＼やっぱりレアでしょう！／
16 **ビフカツ**

＼男の肉といえば！／
18 **牛かたまり肉のロースト**

20 検証：牛かたまり肉のロースト、その他の加熱レシピ
その他のレシピ、試してみました。

21 かたまり×ゆっくり加熱で
肉のうまみは倍増する。

＼ロゼ色が美しい！／
24 **かんたんローストポーク**

＼フライパンで焼けます！／
26 **厚切りポークチャップ**

＼脂身ジュンワー！／
28 **超かんたんチャーシュー**

30 検証：チャーシュー、その他の加熱レシピ
その他のレシピ、試してみました。

31 ロゼ色の豚は問題あり？　なし？

＼肉汁ブシャー！の／
36 **ローストチキン**

38 コンベクションオーブンは
何がすごいのか。

第二章

＼進化系！／

肉おかず＆肉つまみ

＼ケタ違いの肉汁／
42 **鶏のから揚げ**

44 検証：から揚げ、その他の加熱レシピ
その他のレシピ、試してみました。

45 から揚げがうまくなる
衣と加熱のコツ。

＼和魂印才！／
48 **日式タンドリーチキン**

＼ふだん使いにしみじみうまい／
50 **鶏天**

＼自家製の味は別格！／
52 **サラダ用チキン（塩鶏）**

54 肉をおいしくする４つの方法。

＼下町だけの味／
60 **純レバ**

＼肉だけがいい！／
62 **黒酢豚**

＼香ばしいのに、やわらかい！／
64 **豚肉醤油麹しょうが焼き**

＼冷やしちゃダメーッ！／
66 **ぬるしゃぶ**

68 内臓、小さめ、薄切り——。
作り手を悩ませる厄介な肉たち。

70 ＼型番 & 実際の買値つき／
肉の７つ道具

第三章

＼もはやおふくろの味！／

ひき肉こそ家オリジナル

＼新・スタンダード宣言！／
72 **肉味濃厚ハンバーグ**

74 検証：ハンバーグ、その他の加熱レシピ
その他のレシピ、試してみました。

75 ごはんに合うよう改良された
日本のハンバーグ。

＼驚きのうまさ！／
78 **肉シュウマイ**

＼汁物でもつなぎいらず！／
80 **純肉団子汁**

＼はじける肉汁の衝撃！／
82 **自家製生ソーセージ**

84 ＼ソーセージメーカーを使った／
ソーセージの詰め方

85 ソーセージが作れたら、
ひき肉免許皆伝！

第四章

＼肉だけど！／

肉の漬け物

＼ハムも家で作れるの？／
88 **自家製ロースハム**

＼脂少なめ、うまみ多めの／
90 **自家製コンビーフ**

＼日本初！　ネット（民）発レシピ／
92 **鳥はむ**

94 作り出したらやめられない。
塩漬け肉は人を虜にする。

＼日本最初の肉特産品／
98 **牛の味噌漬け**

＼お豚様歓迎！（byぬか床）／
100 **豚バラのぬか漬け**

＼余らせてはいられない！／
102 **鶏もも肉塩麹漬け揚げ焼き**

104 肉漬けものは「生」に限る。

107 塩麹のたんぱく質分解力を
アップさせる秘訣。

109 「生」の味噌で漬けると
アミノ酸が激増する。

第五章

＼たまには背伸びして！／

がんばりたい“週末肉”！

＼「田舎風」なのにアガる！／
114 **パテ・ド・カンパーニュ**

＼いつも瞬殺される／
116 **レバーペースト**

＼超やわらかくなる／
118 **砂肝のコンフィ**

120 内臓肉との上手なつきあい方。

＼とにかく燃えるぜ！／
124 **ラムチョップジンジャー**

＼BBQが変わる！／
126 **牛角切りと ズッキーニの串焼き**

128 なぜわれわれ日本人は こんなに「火」の扱いが ヘタなのか。

第六章

＼〆はどうする!?／

汁肉・煮込み肉、〆肉選手権！

＼人気ありすぎ／
134 **牛すじカレー**

＼大阪のソウルフードを超えた／
136 **肉吸い**

＼牛のお肉がゴ～ロゴロ／
138 **ボロネーゼ**

＼肉は思い切り大きく／
140 **ビーフシチュー**

＼肉味濃厚！／
142 **豚の角煮**

144 最高の煮込み料理を 作るために覚えておきたい、 たったひとつのこと。

INDEX
150 **主材料別一覧**
152 **主要調理法別一覧**
154 **主要参考文献**
158 **おわりに**

本書の見方

- 計量の単位は、1カップ＝200cc、大さじ＝15cc、小さじ＝5ccです。
- 塩は荒塩なら「1cc＝1g」で換算できる。小さじ1で約5g。使用量の基本目安は素材重量の1％弱。ちなみに、精製塩なら小さじ1で約6gになります。

第一章

＼かたまりこそ正義！／

肉塊というごちそう！

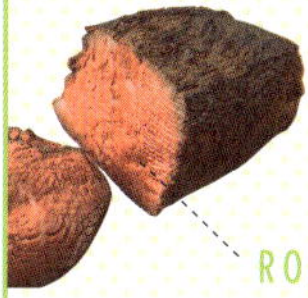

ROAST BEEF

かたまり肉や厚切り肉といえば、いつでも誰でもアガる、テッパンごちそう。大きいことはおいしいこと。調理する側にとっても気合いが入るごちそうメニュー。テーブルに出す前から、みんなの歓声が聞こえます。

menu 001

Foodstuff
BEEF

＼肉汁ジュバァッ！／
ビーフステーキ

肉汁がない、かたい、焼きすぎた……。
もうそんなステーキは焼きたくない。

POINT!!

壱 肉の表面だけ、きっちり焼き上げる

こんがりした焼き色は科学的な根拠もあるおいしさの証し。真っ黒な炭化はNGなれど、焼き目はきっちりつけるべし。

弐 温かい場所で休ませる

理想の内部温度は「焼いては休ませ」を繰り返すのが安全。休ませるのは、コンロのまわりなど温かい場所で。

参 焼け具合はOKサインのかたさで判断

OKサインを作って力を入れたときの親指のつけ根のツボ（合谷）のかたさが焼き加減の目安。

■材料［1人前］

牛ステーキ肉　250g（厚いほうが焼きやすい）
国産牛牛脂　適量
塩　小さじ½
にんにく　1かけ
（好みで）胡椒、柚子胡椒、わさび、醤油など　適宜

■作り方

1 牛肉は冷蔵庫から出して20分置いて常温に戻す。にんにくはスライスする。牛脂を入れたフライパンを弱火にかけ、にんにくを入れ、色づいたら取り出す。

2 フライパンを強火にする。塩の半量を肉の片面に振り、塩をした面を下にし

てフライパンに乗せたらすぐ上面にも残りの塩を振る。10秒焼いたら肉を返し、もう10秒焼く。フライパンから引き上げて2分ほど温かい場所で休ませる。

III 肉表面の温度が手で触れる程度に下がったら両面を10秒ずつ焼き休ませる、を数回繰り返す。仕上がり目安は表面の温度とかたさで判断。OKサインを作ったときの親指のつけ根のかたさ。レア＝親指と人差し指でのOKサイン、ミディアムレア＝親指と中指、ミディアム＝親指と薬指。

IV 目安のかたさになったら火からおろし、1〜2㎝厚にカットする。Iのにんにくを添えて、胡椒、柚子胡椒、わさび、醤油など好みの調味でいただく。

「おいしい肉」の法則。

この10年ほど、うまい肉を食べさせてくれる店は劇的に増えた。それ以前からあったステーキ専門店よりもはるかに繊細な火入れをしてくれるフレンチやイタリアンも多い。レア〜ミディアム・レアくらい赤身が好きな人にとっては願ったりかなったりのトレンドだ。

ずっと疑問だったことがある。（日本の）専門店でステーキを注文すると、熱々の鉄板にステーキが鎮座して、ジューッと音を立てた状態で提供される。確かにテンションはアガる。でも僕が頼んだのはレアだ。どんどん焼けていってしまう。あわててつけ合わせの上に避難させる。ふーっ。

不思議だ。熱々の鉄板で提供したら、当然客の注文より焼きは深くなる。レア好きには致命的だ。気づけば、ステーキやかたまり肉をステーキハウスで食べないようになっていた。その代わり、友人宅で行われる飲み会などで、肉焼き担当としてあれこれ焼き方を試すようになった。三ツ星店のマネをしてかたまり肉をオーブンに二十数回出し入れしたり、鍋のなかにタコ糸で肉を吊って加熱したりもした。

万人にとっての「うまい肉」を定義するのは難しい。肉質ひとつとっても黒毛和牛の等級の高い肉のようなサシの入った霜降り肉か、短角牛のようにうまみの深い赤身肉か、好みは人それぞれ分かれるからだ。でも「まずい肉」なら誰しも「かたい」「ボソボソしている」というふうに一致する。つまり〝うまさ〟には、一定の「やわらかさ」と「ジューシーさ」が深く関わっている。そして「かたい↑↓やわらかい」「ジューシー↑↓ボソボソ」には、肉の温度が密接に関わっている。

「食肉のタンパク質は30〜35℃で凝固が始まり、40〜50℃で温度上昇とともに急激にかたさが増し、保水性も急激に減少します。（中略）50〜55℃でこの変化はいったん停止し、さらに加熱を続けると、筋原線維タンパク質は収縮、凝固し、筋漿《きんしょう》タンパク質は55〜65℃で豆腐状に凝固します。そして、いわゆる膜や腱を形作っている肉基質（結合織）タンパク質は、生肉でも強く、弾力性がありますが、加熱によって、さらに収縮してかたくなります。肉基質中のコラーゲンはとくに強い無収縮を起こし、62〜63℃で正常の3分の1に不可逆的に収縮します」
（『今さら聞けない肉の常識』食肉通信社より）

超ざっくり言うと、肉は60℃を超えたあたりで水分が絞り出されてかたくなるということだ。75℃まで温度を上げてしまうと、悲しいことに肉汁はほぼ肉の外へと流出してしまう。「肉汁」に正しい定義はないが、一般に肉の内部の水分と脂分が液状化したものとされる。肉汁が「ほしいなら内部温度を60℃台にとどめなければならない。この法則はステーキ、焼肉、ポークチャップ、から揚げなど、煮込み料理以外の焼く、揚げるすべての肉料理に通じる。

ちなみに厚生労働省が説明する食肉の加熱基準は、63℃30分相当とされている。「相当」というのがポイントで、60℃なら2時間9分、65℃なら12分、68℃なら3分、70℃で1分、75℃で5秒……というふうに、温度が低ければ長時間の加熱が必要になるし、温度が高ければ加熱時間は短くて済む。

いずれにしても牛のかたまり肉については、タタキやステーキのレアなど、基準値よりも低い温度で提供されることも多い。適切な衛生管理がされていて、表面さえ加熱されていれば安全だという共通認識があるからだ。

ちなみにアメリカでは「ひき肉やソーセージは68℃」「詰め物入りのローストチキン、その他、生と調理済みの素材を組み合わせた食品は74℃」など細かく加熱の基準が定められている。流通する食肉も、アメリカでは野生のジビエの食肉自体、販売不可能（飼育されたもののみ可能）で、ジビエ文化の進んでいるＥＵ圏は野生も含めてすべての野生鳥獣が流通対象と定められている。だが日本では２０１４年の秋、初めて野生鳥獣の利用の指針がまとまったところで、肉との向き合い方がまだ成熟していない。

ちなみに左は、牛肉の温度別写真つきチャート。肉を焼くとき、参考にしていただければ幸いであります。

牛色チャートつき、肉温度計

実は肉の温度の目安となる「レア」「ミディアム」には世界的に見ると複数の基準がある。一般的には50℃がレア、55℃がミディアム・レア、60℃がミディアム、70℃がウェルダン……と言われているが、アメリカ農務省（USDA）の基準では60℃がレア、65℃がミディアム・レア、70℃がミディアムとおよそ10℃の開きがある。まずは自分好みの基準を知るところからはじめたい。

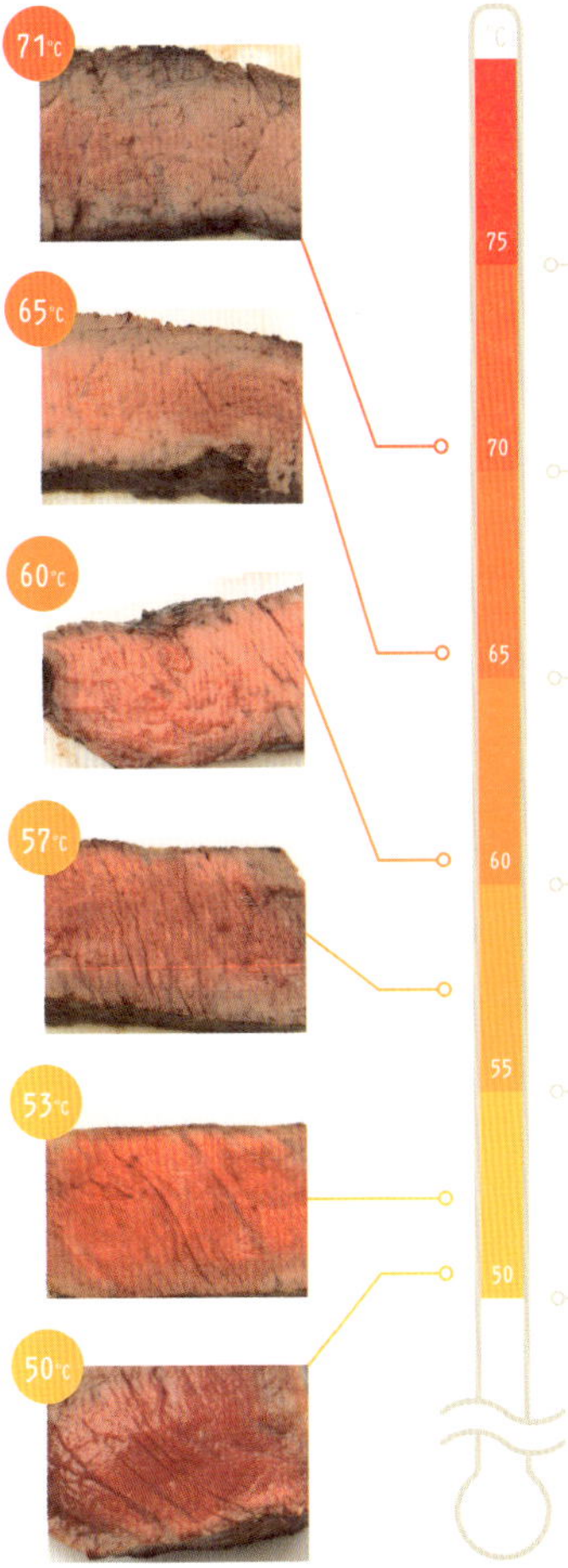

完全なウェルダン。繊維感が強く、肉からなめらかさが消える。

内部に少しなまめかしさが残るが、食感から強い弾力を感じるように。

色も食感もミディアムに。肉汁も、水分より脂気を多く感じるようになる。

触り心地が弾力から「かたさ」に変化しはじめる。食べるとレア食感。

張りが明確に。アメリカでは食中毒原因菌が生存できる上限温度とされる。

触るとまだ肉がプヨンとやわらかいが、少し張りが出はじめる。

Foodstuff
BEEF

menu 002

＼やっぱりレアでしょう！／
ビフカツ

うすづけ衣で、カツなのにあっさり。でもサクッと噛むと、肉汁が！

POINT!!

壱

火入れは余熱で。高温の二度揚げ！

カツは衣がある分、肉への火の当たりがやわらかい。思い切って油は高温に。短時間の二度揚げで勝負。

弐

目の細かいパン粉でカロリーオフ

細かい目のパン粉だと、衣の油量を3割以上カットできる。生パン粉や目があらいものは冷凍↓袋ごともみ細かくする。

参

理想の厚さは2cm

これより薄い肉は各揚げ時間を数秒短縮。厚い肉は揚げ時間ではなくセット数を増やす。3分のインターバルは厳守。

■材料［1人前］

牛ステーキ肉　200g
※もも、ヒレ、ランプなど脂身の少ない部位
塩　小さじ½
胡椒　適量
小麦粉　大さじ1
卵　½個
パン粉　大さじ1~2
サラダ油　適量
（好みで）醤油、わさび、ソース、からし、柚子胡椒など

■作り方

1 牛肉は2cm程度の厚さに切り出す。塩、胡椒、小麦粉を混ぜた調味粉をつくり、卵は均等にからむようコシがなくな

るまで溶く。

Ⅱ 肉に調味粉をうすづけにして、全体に卵をまとわせ、パン粉をまんべんなくまぶす。

Ⅲ 鍋に肉全体がかぶる程度のサラダ油を入れ、中火にかける。高温（約200〜210℃）まで加熱する。

Ⅳ Ⅱを揚げ油に入れる。30秒で網やバットに取り、3分休ませるというセットを×2回。食べやすい大きさにカットして皿に盛る。醤油、わさび、ソース、からし、柚子胡椒など、好みの調味料を添える。

Foodstuff

BEEF

menu 003

／男の肉といえば！＼

牛かたまり肉のロースト

これだけ押さえれば、歓声率100％！

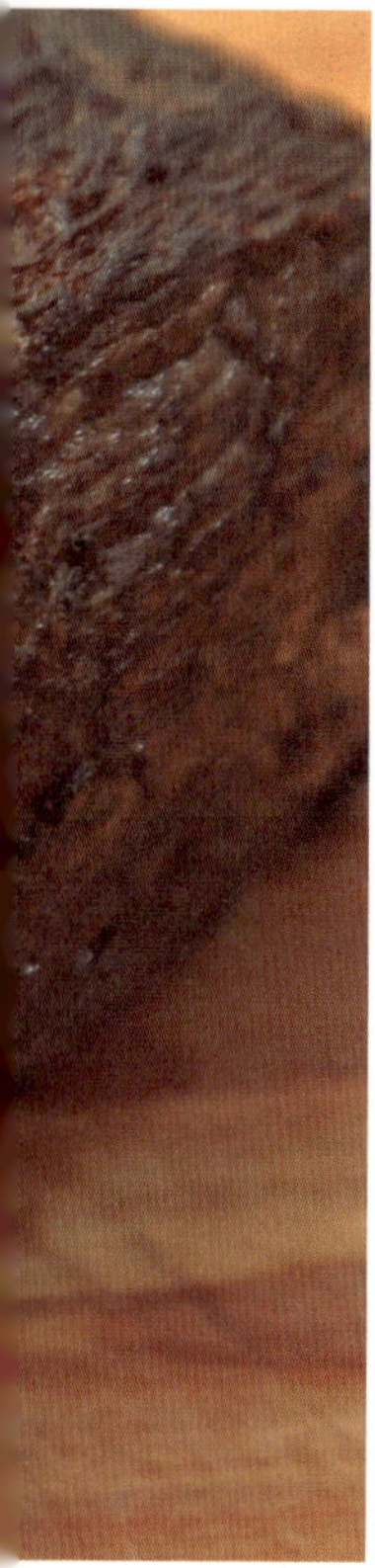

POINT!!

壱

目指す内部温度は60℃！

加熱は、表面への加熱が肉内部へとじわじわ対流で伝わるイメージで。

弐

焼き色は後からついてくる

表面の焼き色はすぐにつけない。薄い焼き色を塗り重ねる心持ちで。

参

仕上がりは、肉がパンと張った状態

表面に焼き色がつき、内部の肉汁がたぷたぷ言いそうなハリ感が仕上がり目安。

■**材料**［5〜8人前］

和牛かたまり肉　800g〜1・2kg

※ランプ、イチボなどロースト用

塩　大さじ1

オリーブ油　大さじ2

（好みで）胡椒、柚子胡椒、醬油、わさび、塩レモンなど　適宜

■**作り方**

Ⅰ　牛かたまり肉は常温に戻し、全体に塩をすり込む。

Ⅱ　強火に熱したフライパンにオリーブ油を入れる。かたまり肉は、一面5〜6秒を目安に周囲をまんべんなく焼いたら、いったん火を止める。

Ⅲ Ⅱのフライパンの上に焼き網などを渡し、「温かい場所」を作って肉が直接、熱源であるフライパンに触れないように置く。その上からボウルなどでフタをして5分ほど休ませる。

Ⅳ ⅡⅢの工程を繰り返す。肉の形や大きさにもよるが、常温に戻した肉で6～7セットが目安。ただしあくまでも仕上がりは「パンと張った状態」を目視で確かめる。薄切りのほか、拍子木にカットすると肉肉しい食感が楽しめる。

Verification

検証：牛かたまり肉のロースト、その他の加熱レシピ

その他のレシピ、試してみました。

その他 ①

オーブンで数十分かけて焼く。

昔ながらのローストビーフの手法。香味野菜を敷いた上に肉を乗せ、200℃超のオーブンで約30分焼く。オーブンから出したら、アルミホイルで包んで30分ほど保温。

↓

熱が内側に伝わるのに時間がかかる分、外側のウェルダンから中央のレアまで食感にグラデーションがつく。

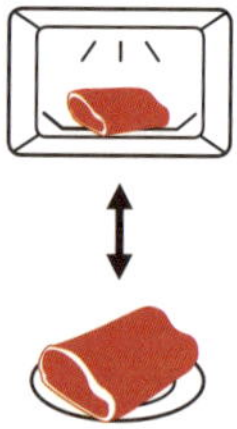

その他 ②

オーブンに20数回出し入れする。

三ツ星レストランの「3時間ロースト」で有名になった手法。200℃超のオーブンで1分焼き、数分休ませる×20数回＝2時間半以上かけて焼き上げる。

↓

時間と手間はかかるが、失敗も少なく慣れれば火入れの微調整も可能。レア、ミディアム・レア好きには圧倒的な支持。

その他 ③

保温モードの炊飯器で調理する。

炊飯器の保温モードは60～70℃。表面に焼き色をつけた肉とオリーブ油を調理用保存袋に入れて空気を抜き、炊飯器に70℃のお湯を入れて1時間強加熱する。

↓

絶妙なレア～ミディアム・レアに仕上がるが、香り、味ともにやや弱い。温度の微調整ができない。

かたまり×ゆっくり加熱で肉の「うまみ」は倍増する。

一般に「うまみ」として広く知られているものに、グルタミン酸とイノシン酸がある。グルタミン酸は昆布などに含まれているうまみで、文字通りうまみ調味料の味のもとになっている成分だ。イノシン酸はかつお節に含まれるうまみで組み合わせると、よりうまみが感じられるようになる（詳細はP145）。そのほかに、うまみを感じさせる成分にはきのこ類のグアニル酸や貝類のコハク酸などもある。

さらに近年、「うまみ」そのものではないが、うまみの増幅に一役買ったり、コクを演出するとして注目されている成分がいくつかある。牛肉に多く含まれるペプチドやコラーゲンなどの成分もそうだ。

千葉大学の研究者を中心とした実験では、低温での加熱時間が長くなると牛肉中のペプチドが増加すると報告されている。実験は牛肉を真空パックにして40、60、80℃でそれぞれ10分、1、3、6時間加熱する形で行われた。

結果、ペプチドは60℃×6時間加熱でもっとも多く生成された。一方、「うまみそのもの」とも言える遊離アミノ酸の生成量は40℃×6時間加熱が多かったという。

この結果を受けて、東京家政学院大学の研究チームは牛ものかたまり肉1kgを2種類のオーブンで加熱する実験を行った。ひとつは電熱オーブンで「120℃で20分間加熱後、60℃で300分間保温」(A)、もうひとつはコンベクションオーブンで「200℃で5分間、さらに150℃で45分加熱」(B)というものだ。

ざっくり言うと、Aは近年かたまり肉を焼くときの手法として定着してきた低温長時間加熱。Bは昔ながらのローストビーフのレシピに近い手法だ。どちらも加熱終了時の肉の中心温度が60℃になるよう、加熱条件を調整したという。しかしAとBとでは40人を対象とした官能試験において差がついた。

官能試験は、大分類で4項目、各項目3つの基準(「見た目」(みずみずしさ、好感度、やわらかさ)、「香り」(食欲をそそるか、生っぽさ、脂っぽさ)、「味」(おいしさ、好感度、甘さ)、「食感」(なめらかさ、ジューシー感、やわらかさ))で行われたという。

このほとんどの項目でAの低温長時間加熱に軍配が上がった。その差は「味」で2〜3倍、「食感」で100倍以上(!)にもなったという。

「おいしさ」の代名詞とも言うべきアミノ酸も、Aでは増加した。とりわけ、セリン、バリン、グルタミン酸などのうまみをつかさどるアミノ酸は約2〜3倍に。α-アミノ酸の量は、生肉との比較で1・3倍、Bとの比較で約1・7倍に増えた。

一方、Bはアミノ酸の増加は比較的ゆるやか、もしくはほぼ横ばいで、セリンなど減少するものも。

肉はその形によって温度の上昇曲線が異なる。薄切り肉ならしゃぶしゃぶのように一瞬で火が入るが、かたまり肉は加熱に際して、一定の時間をかけて温度を上げていく必要がある。低い温度から時間をかけて肉の温度を上げる。するとうまみが増幅する温度を通過する時間帯が長くなる。結果、感じるうまみを増幅させることができるというわけだ。

週末に客をもてなす側にまわるなら、喜んでもらいたいし、どうせならよりうまいもので歓待したい。かたまり肉は見た目のサイズで圧倒できる上、リカバリーがきく。肉料理において過熱は致命傷になるが、加熱に時間がかかるかたまり肉ならば、リスクは最小限。万が一、焼きが足りなければ、再加熱すればいい。

作り手の勝手なこだわりが思ったほど届かないのは、いずこも同じ。一生懸命取り組むほど「焼きが甘かった！　ちくしょう！」などとこぼしたくなるかもしれないが、過剰な言い訳は聞く側もつらい気持ちになるので歯を食いしばって控えたい。

肩の力を抜いて大丈夫。そこは店ではありません。

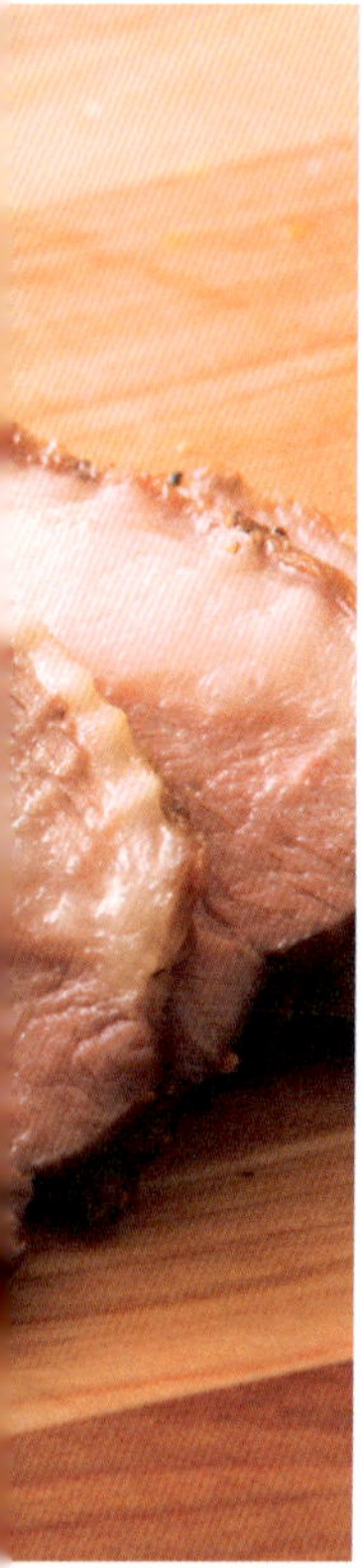

Foodstuff
PORK

menu
004

＼ロゼ色が美しい！／

かんたんローストポーク

オーブントースターだから超かんたん！

POINT!!

壱　オーブントースターは万能選手

自動的に温度調整してくれるサーモスタット機能を利用する。表面が焦げつきそうになったらアルミホイルで覆う。

弐　野菜の水分で半蒸し焼きに

下に水分の多い野菜を敷いて、肉全体に対して均等な加熱を狙う。焦げつき防止効果も。

参　スイッチオフ時に火は入る

肉がおいしくなるのはヒーターが切れている時間。表面が温まれば、いずれ勝手に内部も温まる。

■材料［2～3人前］

豚肩ロースかたまり肉　400g
塩　小さじ1
胡椒　適量
玉ねぎ　½個

■作り方

I　豚かたまり肉は常温に戻し、塩、胡椒をすり込む。玉ねぎはスライスしておく。

II　アルミホイルで受け皿を作る。玉ねぎを敷きつめ、豚肉を乗せる。

III　IIをオーブントースターで15分焼き、扉を開けずに庫内で15分休ませる。その後、肉の上下を返してもう15分焼き、そ

のまま30分休ませる。

MEMO　400gで「焼き15分＋寝かせ15分」の2セット（最後の寝かせは30分）が基本。重量が100g増えるごとに、焼き時間を5分プラスする。600gなら「焼き15分＋寝かせ15分」×2セット＋「焼き10分＋寝かせ30分」。

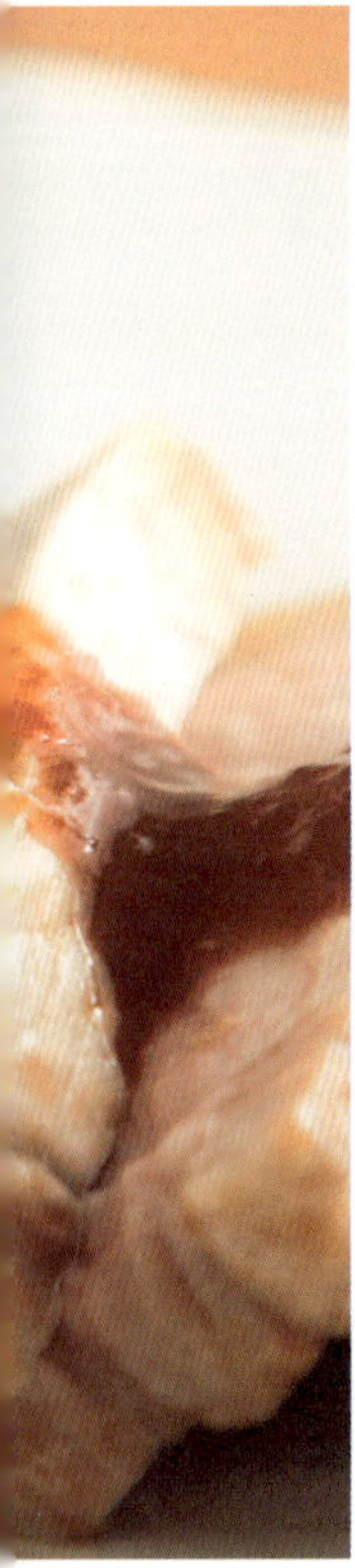

Foodstuff
PORK

menu
005

＼フライパンで焼けます！／

厚切りポークチャップ

弱火と仲良くなれたならフライパンでもロゼ色に！

POINT!!

壱 弱火！　弱火！　弱火！

厚切り肉×鉄板での加熱の基本は「温める」。「焼く」意識を捨てるところからはじめよう。

弐 予熱は脂身を焼ききりながら

脂身を焼ききりながら、フライパン全体の熱気で赤身肉をやんわり温める。いい仕上がりへの第一歩。

参 焼き加減の判断は目視！

焼き具合が見た目でわかるのがフライパンのいいところ。焼き上がりは、側面の色の変化と弾力で見極める。

■材料［2人前］

豚肩ロース肉（約3cm厚）　1枚（300〜350g）
オリーブ油　大さじ1
〈ソース〉
中濃ソース、トマトケチャップ、白ワイン、玉ねぎ（すりおろし）　各大さじ1
水　大さじ2
砂糖　小さじ1
にんにく（すりおろし）　小さじ¼
胡椒　適量

■作り方

1 弱火にかけたフライパンにオリーブ油を入れ、豚肉の脂身を下にして立てるように置く。脂身の接地面から小さな泡が出る程度の火力で7〜10分焼く。

Ⅱ 別の小鍋にソースの材料をすべて入れて弱火にかけ、とろりとするまで煮詰める。フライパンの肉を横に倒して片面を8〜9分、裏返して6〜7分を目安に焼く。

Ⅲ 赤身肉の横面の色が9割方変わったら（側面中央に水平なピンクの筋がわずかに残る程度）、肉の弾力を確認。再び脂身を下にして肉を立て3分焼く。器に盛りⅡのソースをかける。

MEMO 焼き時間の目安は最初に脂身を7〜10分。その後、両面を合計「厚さ（cm）÷2×10」で算出される分数だけ焼き、最後に再度立てて3分焼く。今回は「3cm÷2×10＝15（分）」が目安だが、あくまでも最後は目視と弾力で判断。

Foodstuff
PORK

menu
006

＼脂身ジュンワー！／
超かんたんチャーシュー

必要なのはフタを開けずに待つ勇気。

POINT!!

壱
沸かしたら負け！の気持ちで
下味をつけない肉を加熱するときには慎重に。その湯を沸かせば肉が縮むと心得たい！

弐
赤子泣くともフタ取るな
途中で様子が見たくなる。が、グッとこらえて冷めるまで待つ。一瞬でも開けたら、30秒ほど中火で再加熱。

参
バラなら脂少なめ、または肩ロース
煮立てないので、バラ肉なら脂少なめがちょうどいいコクに。または肩ロース程度の脂の量がちょうどいい。

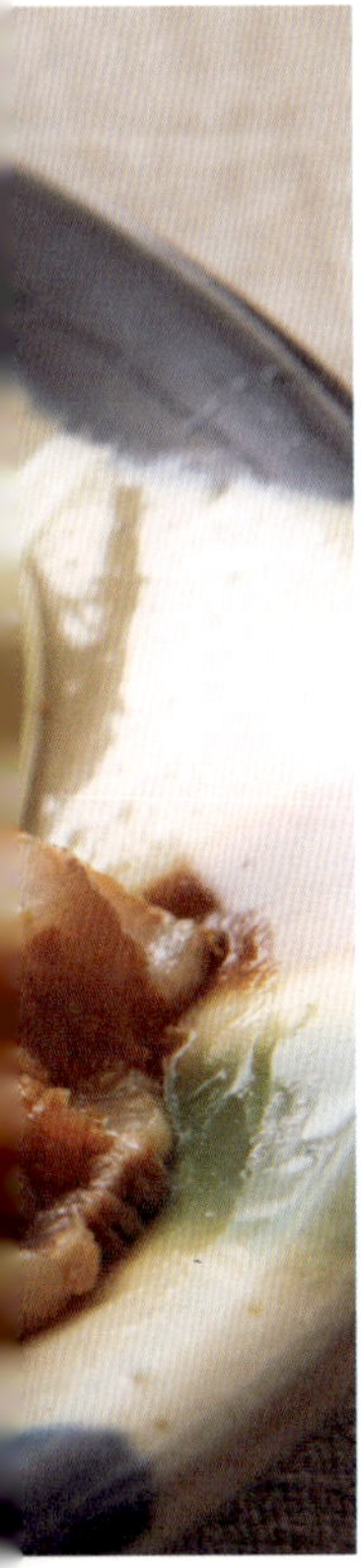

■材料［2〜3人前］
豚バラブロック肉　300g
長ねぎ　適量
しょうが（すりおろし）　小さじ1
醤油　½カップ
酒　½カップ

■作り方
Ⅰ 鍋に肉の重量の8〜10倍の湯を沸かし、常温に戻した豚肉を入れる。すぐにフタをして火を止め、そのまま自然に常温まで冷ます。しょうがをすりおろし、長ねぎは細く切って白髪ねぎを作っておく。

Ⅱ 醤油、酒、しょうがを混ぜて煮切り、調味液を作る。Ⅰの豚肉とともに調理用

保存袋に入れ、空気をできるだけ抜いて口を閉じる。

III 30分ほど漬け込んだら、5㎜幅で切り出し、白髪ねぎを添える。

MEMO 肩ロースやロースなど直径の太いブロック肉の場合には、火を止めた15分後に中弱火で3分ほど再加熱する。室温やそのほか条件に応じて微調整する。

Verification

検証：チャーシュー、その他の加熱レシピ

その他のレシピ、試してみました。

その他①

コトコト煮る。

フライパンで焼き目をつけた肉を、醤油、酒、みりん、砂糖、ねぎ、しょうがを入れた煮汁に入れて、弱火でコトコト2時間ほど煮る。

↓

肉汁と肉の味は薄くなるが、赤身が崩れる心地いい触感になる。冷えてからのほうが切りやすい。

その他②

電子レンジで加熱しながら調味する。

醤油、酒、砂糖、しょうがと肉を耐熱容器に入れてラップをかけ、電子レンジで加熱する。

↓

加熱ムラが生じやすく、かたさの調整が難しい。ラップを忘れると、煮汁が庫内に飛び散り、掃除が面倒なので要注意。

その他③

下味をつけてオーブンで焼く。

醤油、みりん、しょうがなどに漬けた肉を約200℃のオーブンで30分ほど加熱。火を止めて余熱で火を入れる。

↓

天板に直接置くと加熱ムラが生じるので、焼き網などで天板から浮かす。オーブンのクセに合わせて温度と時間の調整が必要。

ロゼ色の豚は問題あり？ なし？

「豚肉はしっかり火を通さないと！」。料理歴が長い人ほど、小さなころからこう言われて育ったはずだ。実際、豚は人間にもかかわりのある疾病にかかる可能性があり、しっかり加熱しないと食中毒の危険がある、と言われてきた。正直に言うと、先の豚肉を使ったレシピは、ふだん自分のために作るときよりも、少し安全圏に寄せたレシピになっている。

この10年ほどで日本での食肉の調理法は劇的に進化した。その最たるものは、食肉の加熱に関するものだろう。飲食店で内部がピンク色のトンカツやポークソテーが提供されても、昭和の頃のように「まだピンク色じゃないか！」と店に文句を言う客を目にすることは少なくなった（ゼロになったわけではない）。とりわけここ最近、堂々とロゼ色——つまりピンク色の肉を客に供する店も増えた。

僕や僕の周囲では、ロゼ色の豚肉を好んで食べる人は少なくない。そしてその人たちが食中毒にかかったという話は聞いたことがない。

2011年にUSDA（アメリカ農務省）はそれまでひき肉などと同等の約71℃に設定され

ていた豚かたまり肉の加熱基準を引き下げた。新基準では中心温度を63℃まで到達させて、その後3分ベンチタイムを取ればいいということになった。これは牛や羊と同等の加熱基準で、これで豚もいわゆる「ミディアム」の温度帯（USDAの基準では「レア」）——ピンクやロゼ色での提供が可能となったのだ。

P13〜15で触れたように、肉の味わいにとってこの約8℃の持つ意味合いはとてつもなく大きい。前述したように60℃台は、結合組織のコラーゲンが収縮し、筋繊維が水分を吐き出す。しかも少し狙った温度をはずしただけで、肉はかたくなり、味も大きく変わる。旧基準の71℃だと本当にギリギリを狙わなければならず、しかもその温度帯ではほぼウェルダンである。

P15の写真をご覧いただいてもわかるように、食肉の肉質は60℃台から70℃にかけて急激に変性する。ロゼ色がみるみるうちに灰褐色になる温度帯なのだ。噛みごたえの変化は本書を手に取られる方なら誰しも想像できるだろう。

同じ時間をかけて調理するとき、ゴールが63℃となれば、その直前の40〜60℃という温度帯をゆっくり通過させることができる。アミノ酸やペプチドが生成される温度帯を長時間かけて通過させることで、うまみも増幅しやすくなる。

実感としても、同じかたまり肉の内部温度を63℃まで上げるとき、45分で仕上げたときと2時間半かけたときの味は異なる。官能試験という名の飲み会でも、長時間かけて焼いたほうが圧倒的に反応はいい（待たされているという理由もあるとは思うが）。

話を戻そう。２０１１年にアメリカで豚肉の加熱基準が63℃に引き下げられたとき、アメリカ中西部の主要な新聞「シカゴ・トリビューン」は、地元レストランの７人（！）のシェフからわざわざコメントを取った。加熱の基準温度が下がるというのは、それほどエポックメイキングな出来事だったのだ。

誰もが口々に「素晴らしい！」「若いシェフには、豚肉だけ違う基準というのはわけがわからなかったろう」「１９５０年代以降、旋毛虫症などなかったしな！」と一様に歓迎していた。

そもそもかたまり肉の場合、基本的に食中毒菌が存在するのは肉表面。万が一、旋毛虫症の豚が存在したとしても、61℃1分相当の加熱で安全性を確保できるとアメリカの連邦規則は明言している。職人たちが〝不条理な規制〟の撤廃を歓迎するのは当然とも言える。

行政が国民の安全を担保しようとするのは、とても正しいし、必要なことでもある。実際、ＵＳＤＡは豚肉に限らず、流通する食肉の安全については保守的だった。アメリカにおけるジビエの流通は、「飼育されていない野生鳥獣の食肉は販売不可能」で、飼育されたものもアメリカ農務省商品安全検査局（ＦＳＩＳ）の自主検査を受ける必要がある。本来「野生鳥獣」のジビエなのに「管理された野生鳥獣」というのもおかしな話だが、それほど厳しい基準だった。

そのアメリカのＵＳＤＡが豚肉の加熱温度を引き下げた。報告書でも「生の豚肉、ステーキ、ロースト、骨つき肉は145°F（63℃）まで加熱し、3分置いておくことで肉を微生物学的に安全な最高品質の製品に仕上げることが期待できる」「肉の外見は、安全性と危険性を判断するための信頼できる指標とはならない」「赤身肉はすべて、内部が安全な温度に達していてもピンク色の可能性がある」とした。

基準更新の直後、イギリスのクオリティペーパー「ザ・ガーディアン」は「（アメリカの）公衆衛生当局は寄生虫の脅威と、その防止に必要な調理温度の両方を誇張してきた」と書いた。他国の出来事なのに、まるで自国の当局を批判するかのような一文だったが、それほど基準改定に驚いたということなのだろう。

一方、日本はどうか。何かの食材で食中毒が起きるとすぐ飲食店には提供自粛要請が行われる。特に肉や貝類については、どんなに気を遣っている店にも何度も繰り返し〝指導〟にやってくるという。食中毒騒動が起きるたびに、居酒屋や焼き鳥店などで「最近、保健所がうるさくて……」という話を繰り返し耳にする。

もちろん、食中毒が劇症化しやすい子どもやお年寄り、そのほか免疫力が落ちているような人へのリスクは最小限に抑えたいし、抑えなければならない。国民や市民の生活を守るのは行政の責務でもある。

だが規制強化時に、自粛要請を繰り返すほど柔軟な運用ができるのなら、最新の基準研究結果をもとにした基準の再検討はできないのか。知見が積み重ねられたことで、ゆるめられる基準もあるはずだ。アメリカは63℃3分で「安全だ」と言い切っている。そもそも63℃30分という基準は「食肉製品」、つまり加工品のハムやソーセージに対する製造基準だったはずだ。

以前、ウェブのニュースサイトで「ピンク色に加熱された豚」の話に触れたところ、たくさんの反響をいただいたことがある。「そう！ 正しい管理さえしてあれば問題ないはず」と味方になってくださるコメントもあったが、「抵抗あるよね……」「昔からよく焼けって言われてたし……」と明確な理由もなしに、後ろ向きの声が多かった。

国内における肉食が本格的にスタートしたのは、幕末から明治期頃。まだこの国では本当の意味で肉食文化は根づいていないのかもしれない。

Foodstuff

CHICKEN

menu 007

＼肉汁ブシャー！の／ ローストチキン

コンベクションオーブン一台でイエニクライフの充実度急上昇！

POINT!!

壱 最強マシン、コンベクションオーブン

庫内に空気対流を強制的に起こさせるファンがあり、全体に均等に火が入りやすい。数十℃からの保温設定も可能。

弐 皮目はオイルでパリパリに！

鶏の皮目は油と好相性。焼く前に均等にオイルを塗ればパリサクッという食感が期待できる。

参 保温モードで超ジューシー！

途中で休ませるときだけでなく、一度冷めても数十℃の保温モードで温めれば、ジューシーさが完全復活！

■材料［1人前］

骨つき鶏もも肉　1本
グリル料理に適した野菜（※）　適量
※アスパラガス、ブロッコリー、きのこ、ペコロス、ピーマン、パプリカ、キャベツなど
塩、ガーリックパウダー　小さじ½
ローズマリー（ドライ）　小さじ1
胡椒、オリーブ油　適量

■作り方

Ⅰ 骨つき鶏もも肉は、身の側を上にして骨に沿って包丁を入れ、厚さが均等になるよう開く。焼き野菜の素材は3㎝角程度に切りそろえる。

Ⅱ 鶏もも肉に、塩とガーリックパウダ

ー各小さじ½、胡椒、ローズマリーをすり込む。皮全体にオリーブ油を塗り、皮を上にしてトレイにのせる。

Ⅲ　予熱なしのコンベクションオーブンにⅡを入れ、230℃で10分加熱したら、80℃程度の保温設定で10分温める。その後、肉のまわりに野菜を並べて、軽くオリーブオイルと塩を振ったら、もう一度230℃で10分加熱する。

コンベクションオーブンは何がすごいのか。

使ったことがある人とない人で、これほど印象が変わる調理器具もそうはない。とりわけ、家庭でかたまり肉を焼くなら、最高にベンリな調理器材。それがコンベクションオーブンだ。以前、レストランの厨房でスチームコンベクションオーブンで肉を焼かせてもらったとき、その安定した火力に「業務用は違う！」と感動したことがあった。しかしその後、家庭用のデロンギ製のものにはさらに感動した。「2万で釣りが来て、仕上がりがこれほどいいのか！」と。

特に大きいのが次の3点。

1　庫内温度を60〜100℃に設定できる保温モードがある。

2　内部に対流を起こすファンがついていて、加熱ムラが少ない。

3　立ち上がりが早く、（肉を焼くなら）ほとんど予熱の必要がない。

極端なことを言うと、肉好きなら1の機能だけでも十分買う動機になる。一度冷めてしまった肉でも保温モードに突っ込んでおけば、驚くほどのやわらかさで復活するし、生肉から調理するにしても低温で加熱できるとなると手法の幅がグンと広がる。

そもそも「コンベクション」とは「（熱・大気の）対流」を意味する言葉。家庭用の廉価なコンベクションオーブンはオーブントースター程度の大きさだ。

オーブントースターでかたまり肉を焼こうとすると、ヒーターとの距離が近すぎて焦げる部分が出てくる。その一方、肉の内部は生焼けだ。

しかし内部にファンで強制的に対流を起こすコンベクションオーブンだと、庫内の温度差を小さくすることができ、サイズが小さくても安定した加熱が可能となる。結果、狙った温度帯ぎりぎり、ベストの状態に近づけやすい。

さらに家庭用の電気式コンベクションオーブンの場合、ヒーターの立ち上がりが早いのもいいところだ。以前、コンベクションオーブンの最大手、デロンギの製品で庫内の温度の上がり方を測ったら、2分で95℃、3分で170℃を突破した。スイッチを入れて3分で使える温度になる。

家庭用でも大型のオーブンだと、庫内の温度ムラがなくなるまでガスでも最低5分、電気だと10分以上かかることもザラなので「使いたいとき即！」というフットワークの軽さは魅力的。少なくとも肉や野菜を焼く限りにおいて、プレヒート（予熱）はほとんど必要ない。

ひとつ注意したいのは、ダイヤル式の廉価なコンベクションオーブンだと温度設定が結構ゆるい。というか、かなり違うことがある。ヘタをすると40〜50℃ズレる。

というわけで、エラー防止のためにぜひともオーブンの庫内に入れられるオーブン用温度計(オーブンメーター)のセット買いをおすすめしたい。すでにオーブン、特にコンベクションオーブンをお持ちの方は、ぜひ自分の機材のクセを知るためにも。Amazon.co.jpあたりでは約1000円の投資をしたいところだ。

ほとんどの人にとってオーブンは毎日使うものではない。だからこそ、自分の感覚のズレをはかる絶対的なものさしをつくり、その基準に謙虚に向き合う。その日のデキがよくても悪くても、基準値の変化を覚えておけば、何が違ったのか要素を洗い出せる。ものさしがあれば、自分のコンディションが見えてくる――。

というとまるで仕事の話のようだが、自分の外側に明確な基準をつくれば自分の状態が見えてくる。それは仕事の現場でも週末の台所でも同じなのだ。

第二章

進化系！

肉おかず&肉つまみ

TORI-TEN

晩ごはんにもやっぱり欠かせない肉おかずに、晩酌を豊かにする肉つまみ。安心・安定・安全のトリプルAといういつものおかずにも、さらにおいしくなるツボはあるはず。まずは加水と保水。さらにその他の要素もお忘れなく。

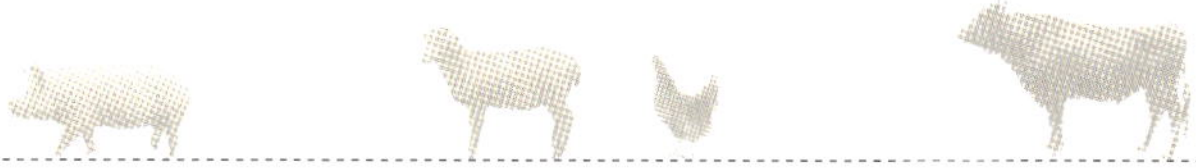

Foodstuff

CHICKEN

menu 008

／ケタ違いの肉汁＼
鶏のから揚げ

「あれが人生で最高のから揚げでした！」
（35歳・♂・商社）とホメられました。

POINT!!

壱

目指せ、加水率20％

失われる水分を補充すれば噛んだ瞬間、鶏汁ブシャー！
目標は鶏肉重量の20％！

弐

二度揚げ、三度揚げ、当たり前

余熱で火を入れたいのはから揚げも同じ。家庭の揚げ鍋の量なら休ませながらのローテーションにピタリとハマる。

参

保水力でハリツヤさらにアップ！

砂糖や塩分は保水力アップに直結！　調味液に漬け込んで、揚げる直前にさらにもみ入れる。

■**材料**［2人前］

鶏もも肉　250g
〈調味液〉醤油　大さじ1、水　大さじ2、砂糖　小さじ1、酒　小さじ1、塩ひとつまみ、にんにく（すりおろし）小さじ½、しょうが（すりおろし）小さじ1、胡椒　適量
片栗粉　50g
サラダ油　適量

■**作り方**

1 にんにく、しょうがをすりおろし、醤油、水、砂糖、酒、塩、胡椒と合わせて調味液を作る。鶏もも肉を一口大に切り、調味液に漬けて10分ほど置く。ボウルに片栗粉を入れる。

Ⅱ **調理直前に調味液を鶏肉にしっかりもみ込む。**鍋に鶏肉がかぶるくらいの量の油を入れ、中火にかける。菜ばしを入れて勢いよく泡が立ち上るようになったら（180℃）、鶏肉に片栗粉をつけ、ぎゅっと握り丸く成形して、静かに油に入れる。

Ⅲ **1分揚げたら、バットなどに上げて2分休ませる**（一度目の揚げは入れて30秒はいじらない）。

Ⅳ Ⅲをもう一度繰り返し、最後に10秒揚げる。

Verification

検証：から揚げ、その他の加熱レシピ

その他のレシピ、試してみました。

その他 ①

冷たい油から揚げる。

冷たい油に衣をつけた鶏肉を入れ、そのあとで中火にかける。衣がきつね色になったらでき上がり。

↓

衣がベトつくことなく、手軽にきちんと揚がる。二回目以降、熱い油に入れたときの揚げ上がりタイミングには慣れが必要。

その他 ②

二度揚げ。

中温～高温で１分30秒揚げ→４分休ませ→40秒揚げというのは、某国営放送の検証番組のレシピ。から揚げ専門店でも類似レシピ多数。

↓

冷蔵庫で冷やしたおおぶりな鶏肉などだと中心まで加熱されにくいことも。うまくいかなければ肉を常温に戻す、一度目の揚げ時間を長く取るなどの工夫を。

その他 ③

下味に塩麹を入れる。

本書のレシピの塩の代わりに塩麹を使ったり、まったく醤油を入れずに塩麹を代わりに使う。

↓

塩麹を醤油に混ぜると麹独特の風味も加わって味が少し深くなる。全量を麹にすると焦げやすくなるが、麹独特の香りが好きな方にはおすすめ。

から揚げがうまくなる衣と加熱のコツ。

数年前、取材で全国の名だたるから揚げ専門店を訪れ、各店のレシピやオペレーションを根掘り葉掘り教えてもらったことがある。北は北海道の釧路ザンギ（※編集部注：北海道ではから揚げのことを「ザンギ」と呼ぶ）の老舗から、南は大分の全国展開する名店まで。名古屋の手羽先や、新潟のカレー味のもも肉一本揚げのような地元色の強いから揚げを除いた、「ふつうのから揚げ」を提供する店に共通していたことがひとつある。

いずれも衣は片栗粉だったのだ（北海道では「でんぷん」と言っていた）。一部に米せんべいを細かく砕いた粉を加える工夫がなされた店もあったが、その店も基本は片栗粉。聞けばどの店主も「揚げ上がりがサクッとなる」という。

小麦粉をブレンドすると衣がしっかりする。しっかり揚げて水分を飛ばせば、冷めても衣の食感が残りやすい。ただしクリスピー感には欠けるところがある。片栗粉のみの衣は確かに噛むとサクッカリッと軽い食感の衣だが、肉に水分をたっぷり残していると、とろりとした食感になることもある。

この違いは粉に含まれる成分に由来すると言われている。

小麦粉にはたんぱく質が数%～十数%含まれている。このたんぱく質が粘りや弾力を生むグルテンを作り出す。小麦粉の入った衣はグルテンが網目構造を作るので、衣の存在感が際立ったしっかりとした食感になる。対して片栗粉の網目構造はもろく壊れやすい。だからこそ、サクッとした軽い食感の衣になりやすい。

また衣は、肉への熱の入り方にも影響を与えている。衣が熱に対する緩衝材の役割を果たし、温度変化がゆるやかになる。揚げた鶏肉の表面を比較すると、素揚げにすると表面が乾き気味になるが、衣をつけた肉の表面は衣に守られてつやつやジューシーに光っている。水分量の違いは一目瞭然だ。揚げた後の余熱で火を通す二度揚げ、三度揚げでの衣は、保温調理器としての機能も果たす。高温の油で揚げられた衣からじわじわと内部へと熱が伝わることで、肉が肉汁という水分をしっかり保持できる。

本書に掲載したレシピでは、肉に入れる下味の調味液の水分は鶏肉に対して約20%とした。この量だとふつうに肉にもみ込んだとき、すべての水分が肉に入るかどうかぎりぎりの水分量で、その状態で片栗粉とからめると、しっかりした衣をまとわせることができ、その衣は緩衝材としても、保温材としても機能するのだ。

取材した全国のから揚げ店に共通していたのは、最初の30秒ほど、衣がしっかりと安定するまでは決してさわらないこと。そして一度に入れ過ぎないこと。どんな専門店でもこのふたつは共通する揚げ方だった。

最後にから揚げをおいしく仕上げるコツについて。から揚げ専門店では衣が安定した後に、必ずと言っていいほど「返し」の工程が入る。大きなフライヤーのなかで泳ぐ、から揚げを揚げ網ですくって表面を空気に触れさせる。揚げ物のプロたちは「この工程で食感がカリッとする」と言う。「返し」の間、から揚げは揚げ油から解放され、空気に触れる。加熱が一瞬やわらぎながら、その間にも肉への加熱はゆっくりと進む。

プロは数℃単位で温度調整の可能なフライヤーを使い、わずか数分の「揚げる」という作業のなかで、微調整を繰り返している。もちろんプロと家庭とでは調理機材も技術も違う。それでも効率や利益を追求せずに済む、「家の料理」ならではのアドバンテージもあるはずだ。少なくとも「休ませる」を覚えるだけで、から揚げはジューシーに、おいしくなる。

ちなみに水は温度を上げるのに大きなエネルギーがかかる物質。油と比較すると1℃温度を上げるのに約2倍のエネルギーが必要だ。つまり鶏肉に加水をして肉の水分量を増やしておけば、急激な温度上昇を防ぐ効果も期待できる。

身近なから揚げひとつとっても味を決める要素は無数にある。衣、加水、揚げ方――うまいものを作る道はひとつではない。だが、ものがうまくなるには必ず理由がある。

Foodstuff
CHICKEN

menu
009

／和魂印才！／
日式 タンドリーチキン

誰もが懐かしうまいカレー風味×だしの味。

POINT!!

壱 保水成分を組み合わせる

ヨーグルトの乳清（ホエー）は保水力が高い素材。塩分や糖分など保水力の高い調味料と組み合わせる。

弐 だし風味プラスで懐かしうまい

カレーうどんに象徴されるように「だし＋醤油＋カレー」の懐かしうまさは、誰もが喜ぶ味わい。

参 余熱で骨まわりにもいい加熱

オーブントースターの余熱は肉の加熱にはちょうどいい。保温庫として加熱の工程に活用できる。

■材料［2人前］

鶏肉（手羽元、もも）　5本×5パック
（約350g　※手羽元の場合）
ヨーグルト　大さじ3
めんつゆ（3倍濃縮）　大さじ2
みりん　大さじ1
カレー粉　大さじ1
塩麹（醤油、魚醤、柚子胡椒などでも）
小さじ1
にんにく、しょうが（すりおろし）　各
小さじ½～1

■作り方

I　にんにく、しょうがをすりおろし、すべての調味料を合わせてよく混ぜる。

II　鶏肉を入れてよくもみ込み2時間以

上漬ける。

III　下皿を敷いたオーブントースターにアルミホイルを敷く。鶏肉を重ならないように並べて、10分加熱↓そのまま10分休ませ↓再度10分加熱する。

MEMO　骨つき肉は加熱に時間がかかる。熱を加えると骨のなかからうまみのある髄液がしみ出し、肉の温度の上昇をさまたげる。つまり骨つき肉を加熱するときには、肉の外側と内側の温度差が大きくなりやすい。「休ませる」という工程は「肉の外側の温度を内側に伝え、外側の過熱を防ぎながら、内側にもじんわり火を入れる」ことでもある。

Foodstuff

CHICKEN

menu 010

＼ふだん使いにしみじみうまい／

鶏天

鶏食王国、大分のソウルフード！

POINT!!

壱　最強のジューシーアイテム、めんつゆ

水分に加えて、塩分や糖分などの保水力の高い成分が入っためんつゆは保水力アップに最適のアイテム。

弐　天ぷらは割りきって天ぷら粉が吉

一流の職人は天ぷらを指して「蒸し料理」だと言う。まずは割りきって市販の天ぷら粉でいい火入れを覚えたい。

参　小さめ肉は熱の逃げ道を作るべし

小さな素材をたっぷりの油で揚げると、火の通しすぎになりやすい。油は少なめに、熱を加えない面を作っておく。

■材料［2人前］

鶏もも肉　200g
しょうが（すりおろし）　小さじ1
にんにく（すりおろし）　小さじ½
めんつゆ（3倍濃縮）　大さじ2
水　大さじ1
天ぷら粉　½カップ
冷水　60cc
サラダ油　適量

■作り方

❶ 鶏もも肉は幅1cmほどの拍子木に切る。にんにく、しょうがをすりおろし、めんつゆを加え、鶏もも肉にもみ込む。

❷ 天ぷら粉に冷水を加えて衣を作り、❶の鶏もも肉をしっかりからめる。

III フライパンに深さ1㎝程度（天種を入れたとき、上½〜⅓が顔を覗かせる程度）のサラダ油を入れて中火にかけ、II を揚げ焼きにする。表2分、裏1分が目安。

MEMO 発祥地の大分では、「もも肉派」と「むね肉派」が分かれる。ただしどちらもこってりしすぎない仕上がりが喜ばれる。そのままでももちろん食べられるが、卓上の調味には「酢醤油＋からし」や柚子胡椒、ポン酢のほか、ご当地柑橘類の「かぼす」が添えられたりもする。

Foodstuff

CHICKEN

menu 011

＼自家製の味は別格！／ サラダ用チキン（塩鶏）

余計なものは入れません！

POINT!!

壱 塩で保水力をアップさせる

塩は肉のたんぱく質の変性を促す。肉のなかに水分を蓄えられるよう、しっかり塩水をもみ込む。

弐 くれぐれも弱火で火を通す

沸騰厳禁。鍋底の気泡が浮き上がるほど火が入ってしまったら、水分量の20％ほど差し水をして温度調整を。

参 皮は下！

直接火が当たる鍋底は温度が高いので、皮と脂肪が熱のクッションになる皮目を下にして加熱する。

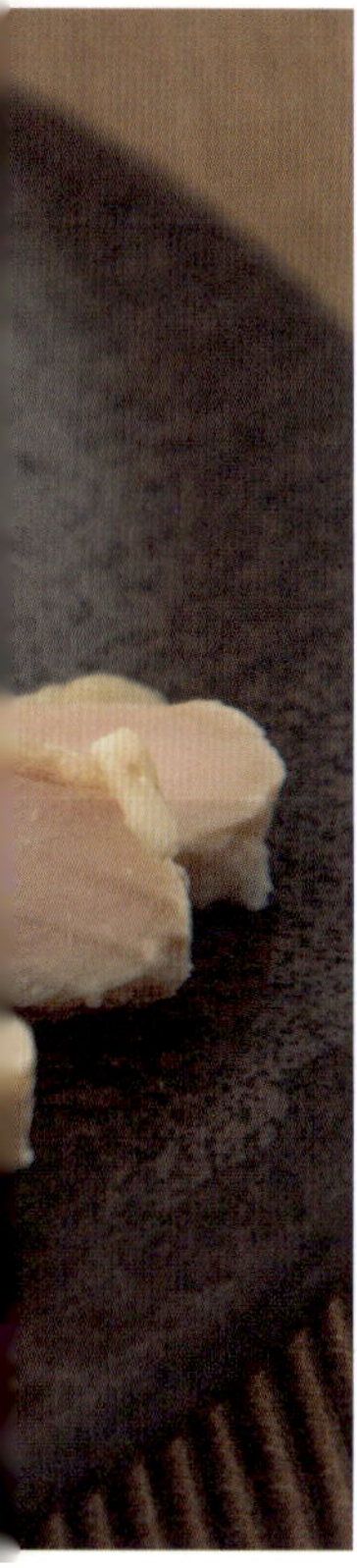

■**材料**［2人前］

鶏むね肉　1枚（300g）

水　50cc

あら塩　小さじ1

■**作り方**

I 水にあら塩を加えて塩水を作り、鶏むね肉が完全に塩水を吸うまでもみ込む。

II 鍋に鶏むね肉全体がかぶる程度の水を入れる。皮を下にして肉を入れ、フタをせずに弱火にかける。

III 鍋の底に細かい気泡がたくさんつきはじめたら、フタをして火を止め、10分待つ。その後フタを取って弱火にかけ、5分加熱したら火を止める。そのまま自

然に冷ます。

MEMO 鶏のなかでもとりわけ脂の少ない鶏むね肉の調理では温度を上げ過ぎないのがコツ。ただし上の写真の右側の切り身のように、皮目との間にある脂分が残りがち。カロリーを気にするなら加熱後に皮をはがす。加熱前にはがすと熱の当たりが強くなるので、皮をはがすのはくれぐれも加熱した後に。

肉をおいしくする4つの方法。

シチューのような長時間煮込む料理を除いて、肉料理は内部温度を上げ過ぎないことが「うまい肉」への近道。この法則はステーキ、焼肉、かたまり肉のロースト、鶏のから揚げなど、ほぼすべての肉に共通していると言っていい。詳しくはP13〜16にも記したが、大きな理由はふたつある。ひとつは加熱に伴い、組織が収縮してかたくなってしまうこと。もうひとつがその収縮によって肉から水分が失われてしまうこと。こうした課題を解決する方法はいくつかある。

1　保水力の高い調味料で加水する。

肉を「加熱」して食べられる温度まで上げると、一定の水分は必ず肉から出て行ってしまう。そこで調理に入る前に肉に「加水」をする。失われるだろう水分をあらかじめ加えれば、「うまい肉」に必要な「一定のやわらかさ」「ジューシーさ」「舌触りのよさ」を確保できる。

例えば鶏のから揚げを例に取ると、事前に加水をした上で、短時間の二度揚げ、三度揚げを行い、揚げの合間に余熱で火を通す。すると肉全体に均一に火がまわり、ジューシーな仕上がりになる。保水作用が期待できる砂糖、塩、溶き卵、ヨーグルト（ホエー）などを加えれば、さらにジューシーな仕上がりが期待できる。

例えば塩を肉に加えると、筋肉の繊維に含まれるたんぱく質の成分が網目構造を形成して、保水力が上がり、肉のキメ細かさを感じられるようになる。砂糖もたんぱく質（コラーゲン）と水分とを結びつけ、肉をやわらかくし、抱え込んだ水分を離さない性質がある。さらに卵は水を抱える力がとても強い。だし汁をたっぷり加えた茶碗蒸しなどは、卵なしには考えられないメニューだ。

もっとも難しく考えなくても、調味液に漬けて一晩寝かせるだけで、肉の保水力は向上する。調味液で下味をつける習慣をつければ、肉は勝手にやわらかくなると考えていい。

2 酢や酒、レモン汁でマリネしてpHを動かす。

肉は酢や酒、レモン汁などでマリネすることによってやわらかさを増す。これは水溶液の性質を表すpHという値が関わっている。

通常、牛や豚のpHはやや酸性寄りの5〜5・5程度（一般にpH7が中性とされる）。肉の保水力はこのあたりがもっとも低い。これよりも酸性（数字が小さくなる）でも、アルカリ性（数字が大きくなる）でも保水力は上がる。

マリネ液によく使われる調味料のpHは、米酢が2・7、レモン汁2・8、ワインが3・1〜4・0、日本酒が4・2〜4・7程度。つまりマリネ液で酸性の調味料に浸かった肉を調理するとpHが下がり、やわらかくなる。さらにpHが低くなると肉自身のたんぱく質分解酵素が活性化するという要因もあるという。

試しやすくて、味の邪魔にならず、効果を実感しやすいのは日本酒だ。角煮を試作したときに、焼酎、泡盛、日本酒、赤ワインなど煮込む際に加える酒をいろいろ試したところ、一番やわらかく仕上がったのは、日本酒を加えたものだった。

「dancyu」誌のカレー特集でも、隠し味としてビールに赤白ワイン、焼酎やウイスキーなどさまざまな酒を試したが、やはりもっともやわらかくなったのは日本酒だった。もちろん肉料理のおいしさはやわらかさだけによるものではないが、「どんな料理の邪魔にもならず」「効果が安定している」のは日本酒だった。

全体に、醸造酒のほうがやわらかくなる傾向はあるし、味わいに深みを加えてもくれる。加えて日本酒はまろやかなコク、赤ワインは酸味＋渋味、白ワインはしっかりとした酸味など用途によって使い分けも可能だ。ただし、ひとくくりに「日本酒」「赤ワイン」などと言っても銘柄によって効果に差はある。高い酒だからいいということでもないようなので、まずは冷蔵庫にあるふだん使いの酒で試したい。

3　天然のたんぱく質分解酵素を利用する。

「安い牛肉を玉ねぎのすりおろしに漬けると驚きのやわらかさに！」なんて見出しをレシピなどでよく見かけるが、肉のたんぱく質をやわらかくする酵素――プロテアーゼ（たんぱく質分解酵素）を含む野菜や果物を利用しても肉はやわらかくなる。たんぱく質は数々のアミノ酸がつながり合ってできていて、プロテアーゼはそのアミノ酸の結合を切る特徴があるのだ。

代表的なところでは、パパイヤ、いちじく、キウイフルーツ、洋なし、メロンなどのフルーツに、しょうがや玉ねぎなどの香味野菜など。昔ながらの酢豚に入っているパイナップルもそのひとつ。パイナップルには、たんぱく質を分解する効果がある。生のパイナップルを大量に食べると、口のなかがハリハリするのはこのためだ。ついでに言うと缶詰のパイナップルはいったん加熱されていてプロテアーゼは分解されているので、肉をやわらかくする効果は期待できない。肉をやわらかくしたければ、加熱されていない生の果実を使う必要がある。

各機関の研究者によってそれぞれ果実の効果は検証されつつある。例えばキウイフルーツを豚かたまり肉の調理に使用すると、下処理をほどこしていない肉よりも脂肪やコレステロールが溶出しやすくなるという。パイナップル果汁もたんぱく質の結合を切断――肉をやわらかくする力は強い。

そしてあまり知られていないが、このプロテアーゼ活性が強力なのがマイタケだ。みじん切りにして水分を加え、調理前の肉にまぶしておくだけで驚くほどやわらかくなる。実際、山梨学院短期大学の研究チームは「マイタケで茶碗蒸しはなぜ固まらないのか」という論文を発表していて、プロテアーゼの活性を測定している。マイタケやシイタケ、ヒラタケなどはプロテアーゼ活性が非常に強く、たんぱく質に強く働きかける。マイタケのプロテアーゼはpH次第では50～70℃という、もっとも肉のたんぱく質がかたくなりやすい温度で活性化される。

つまり「茶碗蒸しが固まらない」ということは、卵の持つ保水力で肉をやわらかくしたいときに、マイタケでダブルの効果を狙っても、卵の保水力を無効化してしまうということになる。肉をやわらかくするための素材を組み合わせても相乗効果が得られるとは限らない。

そのほか、麹を使った発酵調味料にも微生物プロテアーゼも含まれているが、こちらについてはまた別項で触れさせていただく。

4 たたく。筋を切る。

他の手法とバッティングする可能性がないのが、「肉をたたく」「筋切りをする」というわかりやすく物理的な操作。そもそも肉のかたさは、肉に含まれる繊維質による部分が大きい。繊維を断ち切れば、肉はやわらかくなる。包丁や筋切り器などで肉の筋を切ったり、ミートハンマーで肉をたたくなど筋肉の繊維や筋膜などを細かく破砕することでも肉はやわらかくなる。すね肉や首肉のようなかたい部位でもひき肉にするとおいしいハンバーグになるのと同じ原理だ。

筋切りのポイントは、しっかりと裏側まで筋を断ち切ること。またミートハンマーがなくても空の酒瓶など、ある程度の重さがあるものなら肉たたきの機能は果たせる。ちなみに肉はたたくほど大きくなり、やわらかくもなるが、その分薄くなるので、適度なたたき加減を見極めたい。

どんな目的のためにどんな手法を使うか。その組み合わせを試行錯誤した先で週末のイエニクが一段おいしくなったとき、頭上からレベルアップのファンファーレが聞こえてくるはずだ。

Foodstuff

CHICKEN

menu 012

／下町だけの味／
純レバ

レバー嫌いさえもハマる、東京オリジナル。あの下町のピリ辛うまみを家に持ち込む！

POINT!!

壱

最初は冷えた油にIN！

レバーは中心まで火を通したいので、冷えた油からスタートして全体の温度を上げていく。

弐

二度揚げならぬ二度炒め

レバーは加熱し過ぎるとパサパサに。7分通りの火入れでやわらかさが残っているうちに一度皿に取る。

参

長ねぎはケチらず！

味の決め手はたっぷりの長ねぎ。皿に盛ったらレバーが熱いうちに長ねぎをたっぷりとかけ、少し辛味を飛ばす。

■**材料**［1人前］

鶏レバー　200g
長ねぎ　1本
サラダ油　小さじ1
ラー油　大さじ1
ごま油（仕上げ用）　小さじ1

〈合わせダレ〉
にんにく（すりおろし）　少々
醤油　大さじ1
砂糖　大さじ1
紹興酒（なければ日本酒）　大さじ1
オイスターソース　小さじ1
酢　小さじ1
一味（七味）唐辛子　小さじ1

■**作り方**

1 鶏レバーは5㎜幅に切り、10分ほど

流水にさらす。長ねぎは小口に切り、冷水で軽くほぐしてザルに上げる。合わせダレの材料はすべて合わせておく。

Ⅱ レバーをザルに上げて、キッチンペーパーなどで余分な水分をふき取る。冷たいフライパンにサラダ油とラー油をひき、レバーを入れて強火にかける。表面の色がだいたい変わりかけたら、合わせダレを入れる。

Ⅲ レバーの触感が少し締まってきたら、火を中火に弱めていったんレバーを皿に取る。タレに少しとろみがつくまで煮詰めたら、肉を鍋に戻して強火に戻し、ごま油を垂らして火を止める。皿に盛り、長ねぎをたっぷりとかける。

Foodstuff
PORK

menu
013

／肉だけがいい！＼
黒酢豚

**この肉肉しさを忘れない！
酢豚は肉料理だ！**

POINT!!

壱　卵＆醤油でジューシーな下味

卵と一緒に醤油などの水分をもみ込んでおくことで、加熱後に肉の組織内に水分をとどめておくことができる。

弐　黒酢の味は確認を

酢は製品ごとに酸度が大きく違う。黒酢ダレは必ず味見を（※酸度＝酸っぱさではないが、目安にはなる）。

参　国産なら浅い色、中国産なら深い色

黒酢ダレに中国醤油や古酒、黒砂糖、香酢を使うと、ツヤの深い黒色になる（左写真）。

■材料［1人前］

豚肉ブロック（肩ロース、ヒレなど）200g
〈下味〉溶き卵　1/3個分、醤油　小さじ2、みりん　小さじ2、日本酒　小さじ2、片栗粉　適量
〈黒酢ダレ〉醤油　大さじ1、砂糖　大さじ1～2、紹興酒　大さじ2、黒酢　大さじ4
サラダ油　適量、長ねぎ　1/4本、しょうが　ひとかけ、（好みで）ごま油　適宜

■作り方

1　長ねぎ、しょうがはせん切りにして、長ねぎは水にさらす。豚肉は1・5cm程度の厚さに切り、溶き卵、醤油、みりん、

日本酒を合わせた下味に15分以上つけ込む。黒酢ダレの材料はすべて合わせておく。

II 揚げ鍋にサラダ油を入れ、中火にかける。調理直前にもう一度肉に下味をもみ込み、たっぷりの片栗粉をつけ、190℃（乾いた菜箸を入れると、泡が出るような状態）の油で揚げる。約2分で揚げ網に引き揚げ、余熱で火を通す。

III 黒酢ダレをフッ素樹脂加工のフライパンに入れる。中弱火にかけて煮立ったら休ませた肉を入れ、炒めながら黒酢ダレをからめる。全体にからんだら好みでごま油をまわしかけ、皿に盛る。白髪ねぎとしょうがのせん切りを散らす。

Foodstuff

PORK

menu 014

＼香ばしいのに、やわらかい！／

豚肉醤油麹しょうが焼き

野趣あふれる豚肉の味わいを活かしきる！

POINT!!

壱

豚味重視なら下味は不要！

豚肉らしい味が好みなら、下味なしでしっかり焼き目を。下味を入れるのは、獣肉っぽさが苦手な人向け。

弐

肉は粉で驚きのやわらかさに

肉は焼く前に薄く粉をはたくことで縮みにくく、やわらかくなる。焼き目をつけても、かたくならない。

参

醤油麹だけで甘味も決まる

甘味も豊富な醤油麹は単体で味が決まる。甘味を足したければ砂糖、パンチがほしければにんにくを入れても。

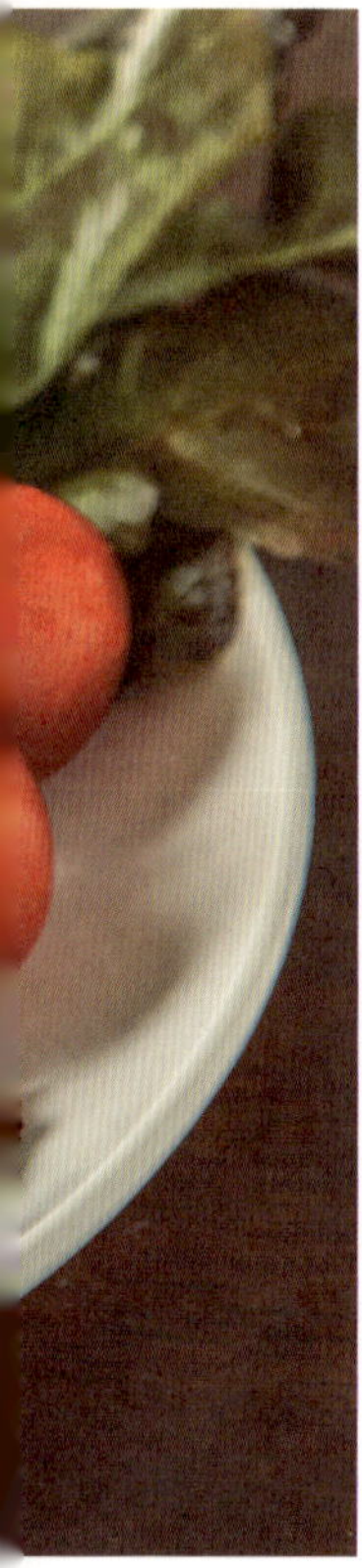

■材料［1人前］

豚肉（肩ロース、バラ肉など適度な脂があるもの）　180g
小麦粉（片栗粉でも可）　適量
サラダ油　適量
〈合わせ調味料〉
醤油麹　大さじ1
水　大さじ2
しょうが（すりおろし）　小さじ1

■作り方

1 しょうがは洗って皮ごとすりおろし、醤油麹、水と混ぜて合わせ調味料を作る。豚肉は1枚ずつ広げて小麦粉（片栗粉）を薄くはたく。

2 フッ素樹脂加工のフライパンを中強

火にかけ、油をひく。フライパンが十分に温まったら、肉を広げながら入れる。表面に肉汁が浮かんでくるまで肉に触らず、十分な焼き目をつけてから、裏返す。

Ⅲ 肉を返して15秒ほど焼いたら、フライパンに合わせ調味料を入れて火を止め、全体をさっくりと和える。

MEMO 醤油麹がなければ、同量の醤油をベースに、砂糖小さじ2を足すか、水大さじ2を水大さじ1＋みりん大さじ1に調整。

Foodstuff
PORK

menu
015

＼冷やしちゃダメーッ！／
ぬるしゃぶ

冷やさないからこそ味わえる肉のうまさ。

POINT!!

壱　お湯の温度は70℃

80℃以上で加熱すると肉はかたくなる。70℃の目安は、中弱火にかけた鍋の底に小さな気泡が増える程度。

弐　目的はうまみの活性化と表面の洗い

しゃぶしゃぶの目的は適度な加熱でうまみを活性化させ、酸化した断面を洗うことと心得るべし。

参　氷水に取ってはならぬ

冷えた肉はうまくない。ボウルに取るのは加熱を止めるため。冷やしていいのはタレ代わりのめんつゆのみ。

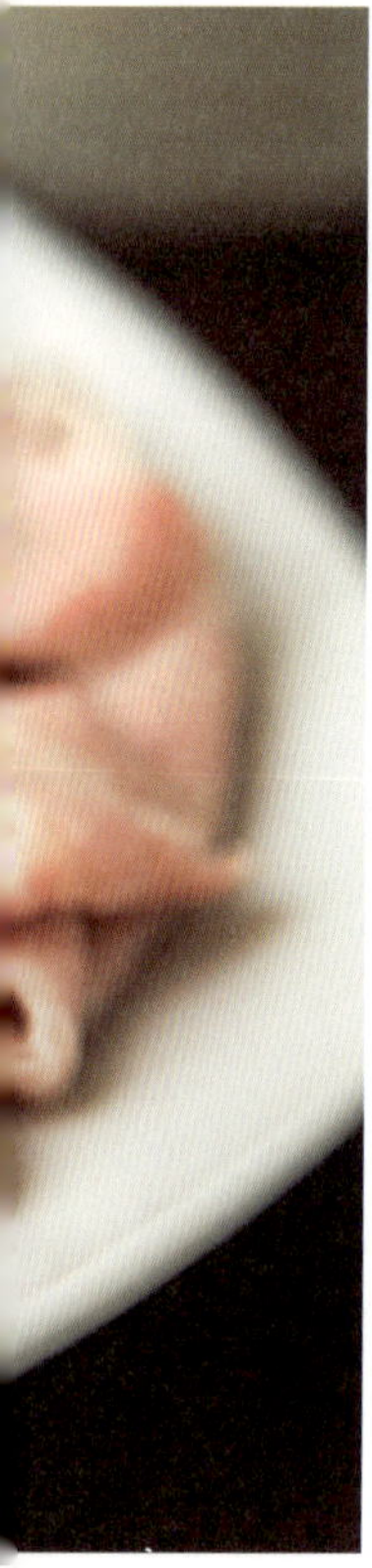

■材料［1〜2人前］

豚肉スライス（ロース、肩ロースなど）1パック（約250g）

長ねぎ、みょうが、わさびなどお好みの薬味　適量

めんつゆ　適量

■作り方

Ⅰ　鍋に湯を張って、弱火にかける。長ねぎやみょうがなどの薬味は小口など好みのサイズに切る。ボウルに30℃程度のぬるま湯を用意する。

Ⅱ　鍋の底に小さな気泡が増えてきたら（70℃）、豚肉を広げるように5〜10秒、鍋の湯を泳がせてボウルのぬるま湯に取る。

Ⅲ ボウルで豚肉の温度を落ち着かせたら引き揚げて、盛りつける。好みの薬味を添え、めんつゆをくぐらせて食べる。

MEMO 加熱という操作の目的のひとつに「うまさを増幅する」がある。肉のうまさはさまざまな要素の相乗効果で引き上げられるが、その大きな要素に「脂」は欠かせない。豚の脂の融点は種類にもよるがだいたい28〜48℃の間。口の中で脂がさらりと伸びる温度で落ち着かせたい。キンキンに冷やしてしまうと口に入れた瞬間に溶けず、うまさをダイレクトに感じにくくなる。

内臓、小さめ、薄切り──。作り手を悩ませる厄介な肉たち。

うまい肉は焼き目が香ばしくて、ジューシーで、一定のやわらかさを伴うもの──。そう考えると、薄切り肉やレバーは難敵だ。香ばしい焼き目をつけようとすると、薄切り肉は一瞬にして収縮して水分や脂分──つまり肉汁を絞り出してしまうし、レバーに至ってはちょっと火を入れ過ぎただけでバサバサになってしまう。

ここまで書いてきたとおり、肉を加熱するときには、

1　鍋やお湯の温度を上げ過ぎない。
2　加熱を何回かに分割する。
3　加熱に耐えられる下ごしらえをしておく。

あたりがポイントだが、ついやってしまいがちなのが、過剰な工夫だ。肉をおいしく食べるための工夫をしていたはずなのに、いつの間にか「保水のための保水をしなければ！」とか

「温度を低めにして、焼きは3回に分けて、下ごしらえは……」などと必要以上に手をかけて、工程を増やしてしまいたくなることがある。「手段の目的化」である。

バラ肉や肩ロースなど脂身のある薄切り肉ならば、多少かたくなっても脂身のジューシーさは残る。そもそも肉自体が薄いのだから、噛みきれないほどかたいということは考えにくい。

下味だって悩ましい。肉のローストなどは、少しでも下味として塩を振ったほうが、食べるときに舌の上で調味料と自然になじむおいしさが感じられるという考え方がある一方、事前に肉に塩を振ると浸透圧で内部から水分が出てきてしまうという考え方もある。

豚のしょうが焼きに至っては複雑極まりない。どの部位のどんな厚さの肉を使うのか、肉は事前に漬けるのか、タレは甘めかしょっぱめか、肉に粉は振るのか、振るとしたら小麦粉か片栗粉か、タレや具に玉ねぎは使うのか。具に使うならくし切りか薄切りか、など考えたらキリがない。その上、人の好みも千差万別だ。

それでも整理すれば、結論に近づくはずだ。例えば、肉肉しい味を堪能したいなら下味はなしで、しっかりとタレがからんだものが食べたければ粉を振る……。

というように、シミュレーションをしながらひとつひとつジャッジをすることで、きっとあなたの肉食生活は豊かになるはずだ。

＼型番＆実際の買値つき／ 肉の7つ道具

まずはカタチから でもカタチだけじゃない

＼肉が絶対うまくなる!!／ 肉、三種の神器

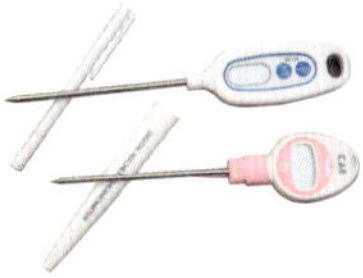

1.中心温度計

2.スケール

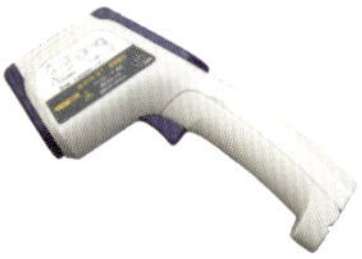

3.放射温度計

1 かたまり肉や、鍋の底部の湯温を測るのに使用。対象に刺してから表示温度が安定するまでにかかる時間はメーカーや型によって異なる。使用機材は、DH-6158（貝印）やTT-508（タニタ）など。買値は900〜1800円。

2 デジタルはかり。最大計測量2〜3kg、最小単位は0.1g単位のものを選びたい。ボウルに次々調味料を入れるような使い方をしても正確な量を測ることができる。使用機材は、KD-320（タニタ）。買値は2400円。

3 トリガーをひくことで、対象に触れることなく表面温度を測ることができる。お湯や油の温度管理にも。炭火も測るなら500℃程度まで測れるものを。使用機材は、放射温度計B73010（シンワ）。買値は5400円

＼用途に合わせてそろえたい！／ 肉ツール四天王（用途別）

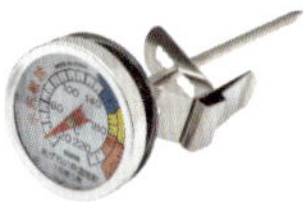

4.油温計

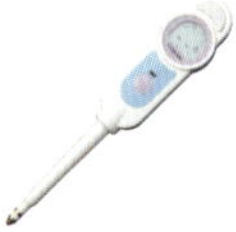

5.塩分計

6.オーブン用温度計

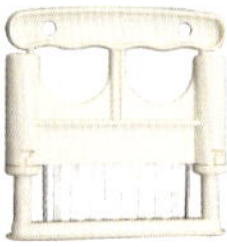

7.筋切り機

4 揚げ油の温度を計測。揚げ鍋のフチに固定して温度管理ができる。使用機材は、クックサーモ5495B（タニタ）。買値は1400円。

5 塩漬け肉の漬け込み液の濃度などを計測。0.1％単位で測れるものを。使用機材は、デジタル塩分濃度計 EB158P（エイシン）。買値は約6000円。

6 設定温度と実際の温度の差が気になるオーブンの温度計測に。使用機材は、オーブンサーモ5493（タニタ）。買値は約1000円。

7 「安いけどかたい……」肉の筋をしっかり切ることで、驚くほど食感がやわらかくなる。ミートソフター（義春刃物）。買値は1200円。

第三章

もはやおふくろの味！

ひき肉こそ家オリジナル

子どもから大人までみんな大好きひき肉料理。慣れ親しんだ味わいは記憶に残る味になり、いつしか〝家の味〟になる。ふだんのハンバーグだけじゃつまらない。外食や中食でおなじみのメニューを試す。きっとうまさに驚くはずだ。

Foodstuff
BEEF & PORK

menu 016

／新・スタンダード宣言！＼
肉味濃厚ハンバーグ

卵なしで際立つ肉味！ 日本のハンバーグの進化系。

POINT!!

壱 手の熱はひき肉の大敵！

肉の1％の塩を入れ、ボウルごと冷やしながら、全体が重いひとかたまりになるまで木べらで練りまくる。

弐 炒め玉ねぎもきっちり冷やす

炒め玉ねぎはバターできつね色になるまで炒めて豊かな味わいに。冷蔵庫できっちり冷やしておく。

参 つなぎに卵はいりません

壱の行程をきっちりやりさえすれば、つなぎは不要。肉の味わいが前面に立つハンバーグは家でもできる！

■材料［3〜4人前］

合いびき肉（牛7：豚3くらい）500g
塩　小さじ1
胡椒、ナツメグ　適量
玉ねぎ（大）　1個
バター　20g
食パン（8枚切り）　1枚
牛乳　100㎖
サラダ油　少々

■作り方

1 玉ねぎをみじん切りにしてバターで炒める。きつね色になったら平らな皿かバットにあけ、あら熱が取れたら冷蔵庫で冷やす。食パンは適当にちぎって牛乳に浸しておく。

Ⅱ　冷蔵庫（できればチルド室）で冷やした合いびき肉に塩を加え、ボウルごと冷やしながら木べらで練る。全体がひとかたまりのようになって、練る感触がずしりと重くなったら、胡椒、ナツメグとⅠを加えてさらに練る。ひとつずつ楕円形に成形する。

Ⅲ　フライパンを中弱火にかけ、サラダ油を薄くひく。Ⅱの種の中央を凹ませて入れ、4分程度を目安に焼き色がついたら裏返し、火を弱めてフタをする。焼き上がりの目安時間は両面合わせて10分程度。

Verification

検証：ハンバーグ、その他の加熱レシピ

その他のレシピ、試してみました。

その他 ①

卵も入れる。

基本的な作り方は本書と同じだが、卵を入れる、いわゆる日本の王道ハンバーグ。ただし、練りの過程は手ごねでボウルも冷やさない。炒め玉ねぎはあら熱を取るだけ。

↓

食べ慣れた味でおいしいが、食べ比べると、どことなく味がぼんやりした印象。

その他 ②

炒め玉ねぎのみ加える（パンと牛乳は入れない）。

本書のレシピからパンと牛乳を除く。欧米のハンバーグのレシピに近い。

↓

歯を押し返す噛みごたえある弾力が印象的。つまみにもいいしパンにも合う。ただし、ごはんに合うかというと……。

その他 ③

手切りで肉をひき、玉ねぎも入れない。

ひき肉ではなくブロック肉から切り出す。牛はすねとバラ、豚は肩とバラ。入っているのは肉と塩、胡椒、ナツメグのみ。

↓

味わいは完全にステーキ。ミンチほど細かく叩かなければ、口のなかでほどける。肉肉しいが、かたくはない。

ごはんに合うよう改良された日本のハンバーグ。

日本のハンバーグを外国人に食べさせると微妙な顔をする。種がやわらかく、肉肉しい噛みごたえに欠ける日本のハンバーグはよく言えばジャパンオリジナル。悪く言うと〝ガラハン〟――ガラパゴスハンバーグだ。というのも、日本のハンバーグは日本人の手でごはんに合うように変わってきたものだからだ。

ハンバーグの起源は諸説あるが、一般には1867年にニューヨークの医師、ジェイムズ・H・ソールズベリーが「牛肉の生食はいけない」と、切った牛肉を成形して焼いて食べるようにすすめたところから始まったと言われている。当時のレシピは「厚さ1・5〜2・5㎝のパティの形に整え、直火で炎や煙が当たらないようにじっくりと焼いて火を通す」。皿に盛ったあとに、バター、塩、胡椒のほか、ウスターソースやマスタード、レモン汁などで調味をするというものだった。

日本でも1904（明治37）年に出版された『欧米料理法全書』に「ハムボーグ、ステーキ」というメニューがあり、わずか三行でレシピが記述されている。要約すると「生の牛肉を細かく切り、塩、胡椒、玉ねぎの汁にエシャロットのみじん切りを加えて調理する」。すでに「ナツメグ」もスパイスとして登場している。

昭和14年の『西洋料理の典型研究記録』の「ハンバーグ・ステーキ」のレシピでも「牛もも肉のひき肉」に加えて、みじん切りの玉ねぎ、塩、胡椒、ナツメグ、オールスパイスなどの記述があるが、つなぎになりそうな材料は記されてない。牛乳＋パン（粉）、卵といったつなぎが入れられるようになるのは戦後のこと。「から揚げ」や「餃子」もそうだが、ハンバーグも戦前に生まれ、戦後に庶民に定着していったメニューである。

現在主流となっている「卵、パン粉、牛乳入り」はジューシーな食味が大好きで、しかもつい最近ようやく肉と表立って付き合うようになった日本人ならではの工夫なのだ。

肉は低温で塩を加えて、しっかりこねるとたんぱく質の組成が変わる。組織が強く結びつき（結着）、弾力ある食感が生まれる。大切なのは「新鮮な肉」「塩分」「低温」という3つの条件。特に「低温」は肉だけでなく、道具や自分の手など肉が触れるすべてを冷やす必要がある。

しかしこうした条件を知らなければ、手の体温を伝えながら温かい場所でこねてしまい、溶けた脂肪が赤身と混じった状態で「粘りが出た」と勘違いしてしまう（数年前まで僕もそうだった）。当然結着していないから焼くと崩れる。そこで肉の結着力不足を卵のたんぱく質で補おうと、卵を入れるという工夫が生まれたと考えられる。

さらにパン粉や牛乳も加わり、日本のハンバーグは「ごはんに合う」やわらかさを獲得した。しかし本来なら「卵入り」は結着の仕組みさえわかればしなくてもいい工夫だし、卵を入れると生の状態ではやわらかすぎて肉種が扱いにくくなる。この10年ほどで、日本の肉食文化は劇的に進歩した。「卵なし」の肉らしい味が選択肢に上ってもいいはずだ。

さて、この項の最後にハンバーグのレシピ部分で説明しきれなかった部分を説明しておきたい。まずは肉。精肉店に注文できるなら牛はネック、すねなどの部位、豚は肩やバラなど脂肪の多い部位をひいてもらうといい。それが難しければ赤身のひき肉と脂肪の多い白っぽいひき肉を分けて買う。牛と豚の比率は好みだが、牛8：豚2〜牛6：豚4くらい。牛100％でもいいが、バラ肉などある程度脂身のある豚を混ぜたほうが味にコクが出やすい。

そしてこね始め。しっかり冷やしながら、できれば赤身肉＋塩のみからスタートしたい。こねる際に脂身などが混じっていると結着力が落ちるのと、塩分が高めのほうがたんぱく質の結着性が高くなるからだ。他の素材を入れるのは、最初の赤身肉がしっかりと結着してから。冷やしながらこねると、どんどん赤身肉が重くなっていって、科学の実験のような面白さすら味わえる。「冷やし＋赤身＋塩」で最初はなるべく成功する確率を高めるようにして実践にのぞみたい。

結着についてはP82のソーセージの項にも続く。

Foodstuff

PORK

menu 017

／驚きのうまさ！＼ 肉シュウマイ

抜群においしくできるのに
なぜか家庭で作られない不思議。

POINT!!

壱

最初は肉と塩分で結着を

皮で包むのでシビアに捉えなくてもいいが、ある程度は塩と醤油を加えて練りあげ、食感をプラスしたい。

弐

玉ねぎと長ねぎには粉を振る

振り忘れるとねぎからうまみたっぷりの水分が流出した揚げ句、肉との間に断絶が生まれることも。

参

火力は弱めでOK

中華街などで蒸気が立ち上っている様はいかにも雰囲気はあるが、鍋底の湯が沸騰さえしていれば弱火でOK。

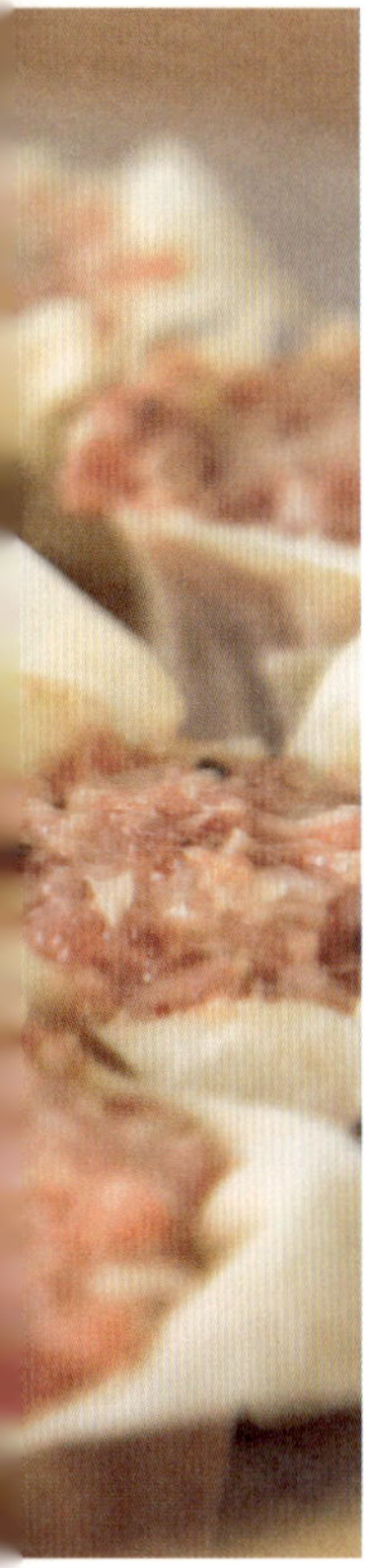

■**材料**［5〜6人前］

シュウマイの皮　24枚
豚ひき肉　300g
塩　ひとつまみ
醤油　大さじ1
砂糖　大さじ1
玉ねぎ　小1個（120〜140g）
長ねぎ　½本
片栗粉　大さじ2
しょうが（すりおろし）　小さじ1〜2
日本酒　小さじ1
胡椒　小さじ½
ごま油　小さじ½

■**作り方**

1 玉ねぎ、長ねぎは5㎜角のみじん切りにして、片栗粉を全体に和える。しょ

うがは皮ごとすりおろす。豚ひき肉に塩、醤油、砂糖を入れ木べらで全体が重く感じられるまで練る。

II Iをすべて合わせ、日本酒、胡椒、ごま油を加えてさらに練る。

III 左手の親指と人差し指でOKサインを作り、シュウマイの皮を置く。肉あんをのせたら指の輪に沈め、真ん中あたりを絞るように円柱状に成形して、底を平らに整える。

IV 蒸し器に湯を沸かす。いったん火を止め、中皿にオーブンシートを敷いてシュウマイを並べる。再着火したら中弱火にして10～15分蒸す。

Foodstuff
PORK

menu
018

／汁物でもつなぎいらず！＼
純肉団子汁

崩れもしなけりゃかたくもならない。
ひき肉がわかれば、超簡単。

POINT!!

壱　恒例！　まずは肉と塩で結着を

いつもどおり、ひき肉にはまず塩分の強い調味料から加え、木べらなどでしっかり練る。

弐　肉あんは沸騰した場所に落とす

沸騰した温度の高い場所を選んで肉あんを落とす。瞬時に表面がかたまり、だしがにごらない。

参　和洋中、なんでもござれの万能トリオ

豚×ねぎ×しょうがは和洋中なんでもござれ。黒酢を入れて酸辣湯風にしたり、スパイス大量投入でカレー味にも！

■材料［2人前］

豚ひき肉　250g
長ねぎ　2本
しょうが　50g
塩　小さじ½
醤油　小さじ½
和風 or 中華だし、コンソメスープなど　500㎖
（お好みで）塩、醤油、黒酢など　適宜

■作り方

1 長ねぎは1本を幅3〜4㎝に切り、もう1本はみじん切りにする。しょうがも半量をスライスして、残りはみじん切りに。

II　豚ひき肉には塩、醤油を加える。全体が白っぽくなるまで肉が温まらないようしっかり練り、みじん切りにした長ねぎとしょうがを混ぜていったん冷蔵庫に入れる。

III　鍋にだし（スープ）と具の長ねぎ、しょうがのスライスを入れて、中火にかける。ひと煮立ちしたら、肉あんを団子状に成形してだしに落とす。火を弱火にして10分を目安に加熱、最後に好みの調味料で味をととのえる。

Foodstuff
LAMB & PORK

menu 019

／はじける肉汁の衝撃！＼
自家製 生ソーセージ

作る過程で盛り上がるばかりか誰もが味に驚く！

POINT!!

壱
さあ本番！ 肉と塩で徹底した結着を
「すべての器具を冷やす」「先に赤身に塩を加える」をとにかく徹底すること。肉への加水も氷です！

弐
できれば専用マシンを用意
ハンドガンタイプがおすすめ。ネット通販で数千円。力の必要な絞り袋タイプなら、パスタマシンなどで絞り出そう。

参
赤身、背脂などはお店に相談
脂身混じりのひき肉でもできるが、やはりベストは赤身と脂身を分けてスタートすること。結着ですべてが決まる。

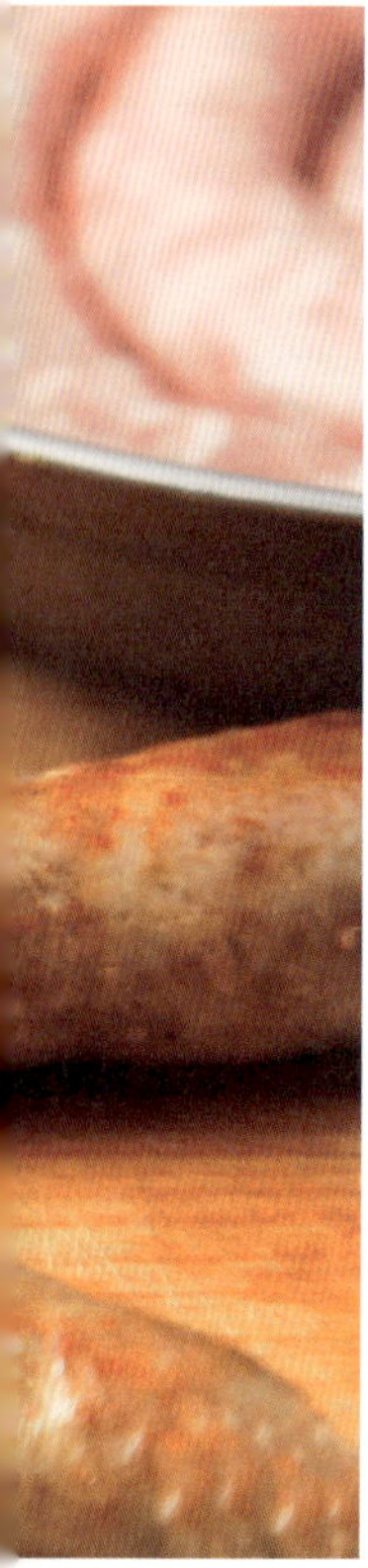

■材料［2人前］
羊腸（塩漬け） 1m、豚ひき肉（赤身） 300g、豚の背脂 50〜100g、クラッシュアイス 50g、あら塩 小さじ1（5g）、（お好みで）白胡椒 1g、メース、マジョラム、ナツメグなどのスパイス 各0・2g（約ひとつまみ）ずつ、混ぜるボウルを冷やすための氷適量
※ソーセージメーカー（もしくは口金と絞り袋）

■作り方
1 羊腸は30分水につけて戻す。豚の背脂はみじん切りにする。ボウルAに豚のひき肉と塩を入れる。氷を入れたひとまわり大きいボウルBで、ボウルA全体を冷やしながら木べらでひき肉と塩をしっ

かり練る。

Ⅱ 全体が重たくなり一体感が出てきたら、氷を入れてさらに混ぜる。全体がなじんだら好みのスパイスと脂身を入れる。すべての氷が溶けるまで混ぜたら、冷蔵庫に入れる。

Ⅲ 肉種をソーセージメーカーや絞り袋に入れる。先の口金に羊腸をセットし、羊腸の先を結ぶ。空気が入ったら、針やつまようじで穴を開ける。太さを手でコントロールしながら肉種を絞り出す。

Ⅳ フライパンに薄く油をひく。中弱火でじっくり焼く。

＼ソーセージメーカーを使った／

ソーセージの詰め方

プラスティック製ですが、本格派。基本的な仕組みはプロの器材と同じ。
この1台で老若男女、ホームパーティもBBQもケタ違いに楽しくなります。

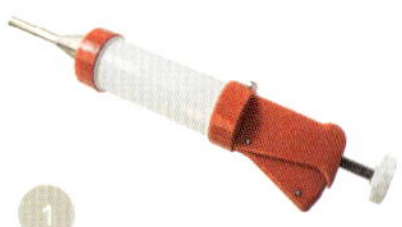

ソーセージメーカー。絞り袋より圧倒的におすすめ。

↓

羊腸は水で戻す。ネット通販や高級百貨店で扱いあり。

↓

羊腸の中に水がある状態でノズルに通す。

↓

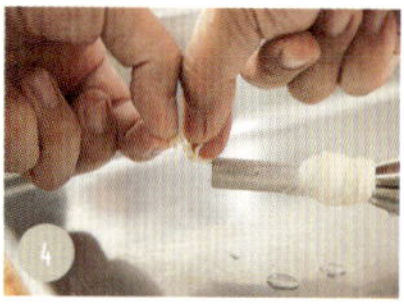

すべてたぐり上げたら、先を固結びにする。

空気が入らないよう、胴に肉を詰めていく。

↓

詰め開始。最初の空気は針かつまようじで処理。

↓

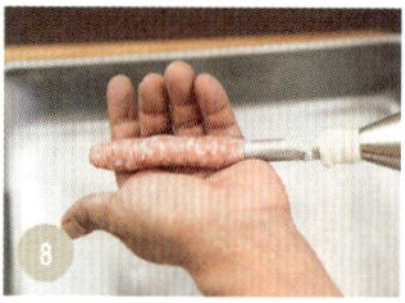

手で太さをコントロールしながら詰めていく。

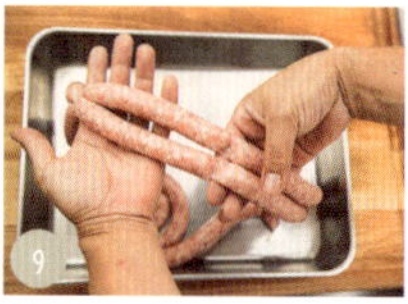

詰め終わったら半分に折り、1本の長さを決める。

↓

2本まとめて2回ねじる。

↓

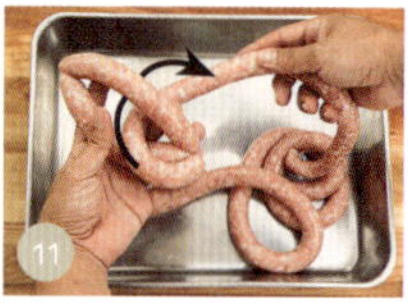

片方の“しっぽ”を上の輪に通す。

↓

12

＼完成！／

ソーセージが作れたら、ひき肉免許皆伝！

などと偉そうなことを言っても、僕もソーセージ作り修業中の身で免許皆伝にはほど遠い。初めて作ったのは、2010年頃だった。長野県の乗鞍高原にある「シュタンベルク」というめちゃくちゃうまいソーセージやハムを作る工房が、ソーセージ作りワークショップを開催するという話を聞きつけて、一も二もなく、後に給食系男子というユニットを組むことになる友人と乗鞍を訪れた。

が、やってみるとこれがツラい。もちろんワークショップだから体験レベルなのだが、とにかく少しでも手が熱を持ったら、すぐ氷水に手を突っ込む。季節は秋。あっという間にじんじんして手の感覚がなくなった。「これはしんどい……」と思ったものの、東京に帰ってきてよくよく考えてみれば、熱が伝わらなければいいのだから、手でこねなければいい。

まず使う材料や道具を全部冷やしておき、木べらで赤身と塩をまぜてボウルの鍋肌に押しつけるように肉と塩に摩擦を加えていく。全体がなじむとともに重さを増してきて、そのうちひとかたまりになってくる。そこでスパイスを加えてもうひとがんばり。スパイスが全体になじんだら、その頃には肉のたんぱく質には網目構造ができているはずだ。

そこまで来たら、網目構造のなかに水分と脂分――つまり肉汁を入れていくイメージ（※あくまでイメージです）で、クラッシュアイスと豚の背脂（もしくは脂多めのひき肉）を加えていく。冷却を継続しながら、赤身肉のしっかりした結着を全体に広げていくイメージでピンク色のぷるぷるした仕上がりを目指したい。

肉種を羊腸などの「ケーシング」に詰めるときには、途中で空気が入りやすい。ソーセージメーカーへの肉種の投入時、団子状にして空気を抜くなどの工夫をしても空気は入ってしまいがちだ。焼くとここから爆発してしまうので、空気が入ったところは針やつまようじなどで穴を開けて空気を抜いておきたい。

ちなみに生ソーセージを焼くとき、本来はソーセージ自身の脂で焼くのがいいとされるが、慣れるまではフッ素樹脂加工のフライパンに薄くサラダ油をひくと焼きやすい。

作業の工程も楽しい上に、驚きのうまさと出会える生ソーセージ作り。どうしても作り方に悩んだら、通販で生ソーセージを買って〝正解〟を知るところから始めてもいいはず！

通販でも買える「シュタンベルク」の「チューリンガー」（生ソーセージ）、絶品です。

第四章

＼肉だけど！／
肉の漬け物

SHIOKOUJI-TSUKEAGEYAKI

洋の東西を問わず、肉は貴重な栄養源であり、保存食でもあった。ヨーロッパの肉の塩漬け文化はハムやベーコンなどを生み、日本でも江戸時代に牛肉の味噌漬けが生まれた。肉の漬け物は、保存がきく上にうまみが深くなる！

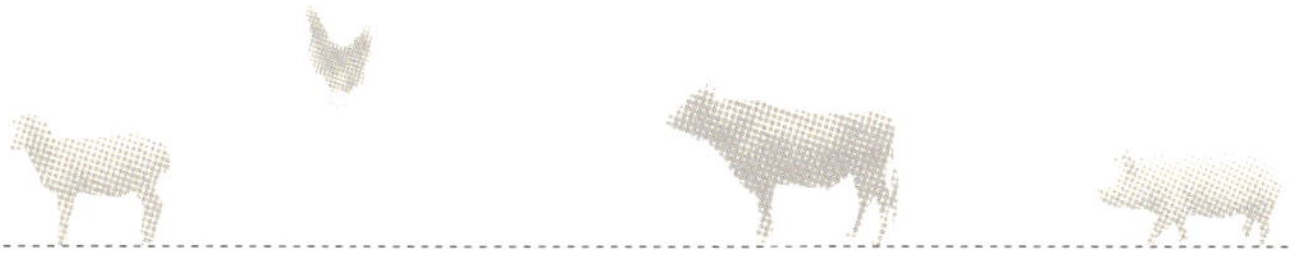

Foodstuff

PORK

menu 020

＼ハムも家で作れるの？＼

自家製ロースハム

ドーンと作ってもりもり食べよう！

POINT!!

壱　塩分控えめなので、数日で使いきる

自家製の最大のメリットは塩分量のコントロールが可能なこと。保存料なし、塩分控えめなので早めに食べきる。

弐　温度計があれば70℃の油で煮込む手も

油で煮れば味が流れ出にくく、濃厚な仕上がりに。最後にお湯で表面を洗うのを忘れずに。

参　副産物のスープは使いまわせる

お湯でボイルした場合、スープにはいいだしが出ているので、カレーなどの煮込み料理に使いまわす。

■材料［2人前×3日分］

豚かたまり肉（ロース）　400〜600g

〈漬け込み液〉水　1ℓ（水分の10％程度は白ワインを使ってもいい）、あら塩大さじ3½（50g）、玉ねぎ　½個、にんじん　½本、セロリ　½本、黒胡椒（ホール）　30〜40粒（白でも可）、好みでローリエ、オレガノ、クローブ、にんにくなど　適宜

〈加熱用スープ〉湯　800mℓ、水200mℓ、塩　小さじ2、鶏がらスープの素大さじ1

■作り方

1 野菜はすべて薄くスライスする。調味液の材料と野菜を鍋に入れてひと煮立ちさせて、冷ます。豚肉はフォークや金

串、竹串などで十数か所穴を開けておく。

Ⅱ 密閉できる容器に漬け込み液を入れ、豚肉を漬ける。ペーパータオルで表面をピッチリと覆い3日間かけて冷蔵庫で漬け込む。1日に1回、肉の上下を返す。

Ⅲ Ⅱの肉を取り出し、流水でしっかり洗う。肉が入る大きさの鍋に湯（800㎖）を沸かし、塩、鶏がらスープの素を入れる。火をごく弱火にして水（200㎖）を入れ、肉を脂身を下にして入れる。70℃（鍋の底や鍋肌に小さな気泡が多くついている状態）を目安に火力を調整。

Ⅳ Ⅲの状態で20分温め、フタをして火を止める。10分後にフタを開けて再度ごく弱火で20分温めたら、再度フタをして火を止める。そのまま常温まで冷ます。

Foodstuff

BEEF

menu

021

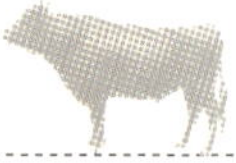

／脂少なめ、うまみ多めの＼ 自家製コンビーフ

噛むほどに尾を引く牛の味！

POINT!!

壱

清潔一番。まずは殺菌と消毒

ロースハム同様、手や調理器具、漬け込む器はしっかり洗浄＆熱湯などで消毒を。

弐

蒸せば味も濃厚＋カロリーオフ

コラーゲンをゼラチン化させるには75℃以上の温度が必要なのできっちり蒸す。余分な脂も落ちる。

参

ほぐしはフードプロセッサーが便利

加熱後の肉はフォークでもほぐせるが、パン生地用のブレードをつけたフードプロセッサーが便利。

■**材料**［2人前×2日分］

牛すね肉　400g

〈漬け込み液〉

水　500㎖

あら塩　大さじ2

玉ねぎ　¼本

にんじん　¼本

セロリ　¼本

黒胡椒（ホール）　20粒（白でも可）

ウイスキーか白ワイン　大さじ2

好みでローリエ、オレガノ、クローブ、にんにくなど　適宜

■**作り方**

1 野菜はすべて薄くスライスする。調味液の材料と野菜を鍋でひと煮立ちさせて、冷ます。牛すね肉はフォークや金串、

竹串などで十数か所穴を開けておく。

II 密閉できる容器に調味液を入れ牛すね肉を漬ける。ペーパータオルで表面をピッチリと覆い3日間冷蔵庫で漬け込む。1日に1回、肉の上下を返す。

III 中火にかけた蒸し器に湯を沸かす。漬け込み液から取り出した肉を流水でしっかり洗い、深めの皿かボウルに肉を入れて、弱火で2時間蒸す。

IV 蒸し上げた牛すね肉をパン用のブレードをつけたフードプロセッサー、もしくはフォークでほぐす。

Foodstuff
CHICKEN

menu
022

＼日本初！ネット（民）発レシピ／

鳥はむ

巨大掲示板の1スレッドから
いまや無数のバリエーションが。

POINT!!

壱

加熱条件は季節と肌感覚で覚えよう

室温や鍋、湯量によって火の通り方が変わる。気温や季節、フタの有無など条件を覚えておくべし。

弐

漬け込むときは空気を抜く

空気をしっかり抜くと均等に塩が回る。保存袋から空気を抜くときはストローを使うなど工夫してみて。

参

味つけバリエーション∞

塩の代わりに味噌、砂糖の代わりにはちみつや甘酒を使ってもいい。面倒なら、塩麹だけでもいいあんばいに。

■**材料**［2人前×2日分］

鶏むね肉　1枚（300g）
塩　小さじ1
砂糖　小さじ1
胡椒などのスパイス　適宜（なくても可）

■**作り方**

I　鶏むね肉は皮を取り、厚い部分を包丁で切り開いて薄くする。塩と砂糖を全体にすり込む。保存袋に入れ、できるだけ空気を抜く。冷蔵庫で1〜2日保存する。

II　Iを流水でしっかりと洗う。キッチンペーパーで全体の水気をふき取り、ラップやアルミホイルでぴっちりと円柱状に成形する。鍋に3ℓ以上の湯を沸かし

たら、成形した肉を入れてフタをして火を止める。常温まで自然に冷ます。

MEMO　成形するときには、まずラップでピッチリと全体を丸めて、その上からアルミホイルで全体を包むように巻くと形が安定しやすい。完全な円柱状を目指すならタコ糸などで縛ってもいいが、手軽にできるのも「鳥はむ」のいいところなので、そこまで手数をかけなくてもいいのかも。

　ちなみに「鳥はむ」が世に広まったのは巨大掲示板「2ちゃんねる」の「鶏肉むねVSもも」スレッドがきっかけ。大勢でひとつのメニューを考えるという、日本におけるソーシャルレシピの先駆けとも言えるメニュー。

作り出したらやめられない。塩漬け肉は人を虜にする。

古くから洋の東西を問わず、保存の手段として塩漬けはさまざまな素材に使われてきた。日本では新巻鮭に代表されるような魚の〝塩干物〟から、白菜漬けなど野菜の漬け物まで。西洋でも塩漬けにした肉や魚は、日常の保存食から戦時の携行食としても重宝された。肉食が長く禁止されてきた日本でさえも、江戸時代には彦根藩が牛肉に塩をして乾燥させた干し肉（※ビーフジャーキーのようなものだと言われている）を作っていた。といっても表向きはご禁制品。文化としての広がりや深まりが目に見えるほど身近になるのは、江戸末期を待たなければならない。

肉の塩漬けの方法は主に2種類に分かれる。湿塩法と乾塩法だ。湿塩法は塩漬け用の液体（ソミュール液、ピックル液）を作り、そこに肉を漬け込む。乾塩法は肉に直接塩をすり込んでいく。本書では少し手のかかるロースハムとコンビーフを湿塩法、手軽な鳥はむを乾塩法で紹介しているが、ある程度のサイズ以上の肉を塩漬けにするなら湿塩法のほうが失敗しにくい。塩、砂糖などを直接肉にすり込む乾塩法は、塩の塗りムラがあるとそれだけで肉がいたむ。

さらに、浸透圧で中から出てきた水分がたまったところだけ塩分濃度が低くなって保存性が落ちることもある。もっとも、鳥はむのように小さなサイズで短期間塩漬けするものなら、手軽に取り組むことができる。まずは鳥はむからスタートすれば、塩漬けライフはきっとすぐさま楽しいものになる。

2001年、巨大掲示板「2ちゃんねる」で「鳥はむスレッド」を見つけた直後の僕がまさにそうだった。毎晩のようにスレッドを開いては、「へぇ……」「そうなんだ……」と感心して、ときどき書き込んだりしながら作ってみた。加熱し過ぎて、ただのゆで鶏になってしまったこともあれば、ぎりぎりを狙い過ぎて中がレアに仕上がってしまったことも。その他、塩加減や漬け込み期間などあれこれ試してみた。先日久しぶりに覗いたら、スレッドはパート33（！）まで伸びていて、いまだに書き込みが続いていた。

鳥はむが素晴らしいのはとにかく手軽で、調味料を選ばないところ。素材はリーズナブルな鶏むね肉だから、気負わずに取り組むことができる。加熱不足で失敗したら再加熱すればいいし、塩抜きの加減を間違えてしょっぱくなってしまったらサラダなどに混ぜ込んでしまえばいい。基本は「塩分＋糖分」だと考えれば、塩や砂糖を味噌やはちみつなどに置き換えてもいいし、好みのスパイスを足してもいい。手軽にできてどうとでもなる。ある意味最強だ。

ところが続けていると、ベーコンなども作りたくなってくる。塩漬けする際に、生のハーブやワイン、ウイスキーなども使いたくなってくる。というわけで、湿塩法の出番である。

湿塩法が乾塩法に比べていいのは「全体が均等に浸かりやすい」ことと「液体（調味料）を使える」というところだ。さらに玉ねぎ、にんじん、セロリといった香味野菜も使いやすいから味にコクと深みをプラスすることができる。ハムやベーコンは燻製が必要だと、僕も一時期台所にフタつきの小さなBBQグリルを持ち込んで、換気扇の下で作ったりしていたが、出し入れが面倒くさい。

そんなある日、文献を当たっていたら本場ドイツにもゆでるだけのももハム「コッホシンケン」があることがわかる。曰く「80℃のお湯で（スープに漬けた湯せんにかけて）ゆでる。その際、肉の中心温度は65〜68℃が最適」ということのよう。もっとも自分で調理するとき、湯せんは面倒くさいので、最近は、今回本書で紹介した

塩漬け肉はハマると延々作り続けてしまう。こんな量、どうするんだ……。

ようなレシピに落ち着いている。

「落ち着いた」といっても、素人の塩漬け肉づくりはトレンドの移ろいが早い。湿塩法は漬けるうちに、漬け込み液の色が赤く変わってくる。「肉のうまみが抜けている？」と気が気じゃなくなり、乾塩法に戻ってくる。ところが続けるうちに塩抜きの過程が面倒になるので、塩分を減らしたくなる。ならば、均等に浸かりやすい湿塩法で5％程度の薄いピックル液に漬けてみるか……というようにあれこれ考えるようになるのが、塩漬け肉だ。われながら面倒くさいが、本人としてはものすごく楽しい。

というわけで、本書では塩抜きの過程がいらないよう、少なめの塩分量で紹介しているが、塩漬けも使う肉、塩漬け法、冷蔵庫の温度、塩抜き工程、そして加熱から冷まし方に至るまで無限のバリエーションがある。

つまるところ、男の塩漬け肉なんてものは（人に押しつけない限り）、自分で「うまい」と思えればそれが正解なのだ（ただし、自分で消費する場合に限る）。

Foodstuff

BEEF

menu 023

／日本最初の肉特産品＼
牛の味噌漬け

ご禁制品だったのに徳川家からも大人気！

POINT!!

壱

漬け時間で劇的に味が変わる

数時間という短時間ならフレッシュな食感。3〜4日漬けると熟成が進み、香りも味も強くなる。

弐

火加減は抑えめに

味噌や麹に漬けた肉は、表面が焦げやすい。火加減には気を配るべし。

参

焼きのバリエーションは自在型

フライパンならごま油でもいい。また魚焼きグリルや炭焼き、オーブントースターなどでも焼ける。

■**材料**［1人前］

牛ステーキ肉　250g
味噌　大さじ2
日本酒　大さじ1
みりん　大さじ2
サラダ油　適量

■**作り方**

Ⅰ 日本酒とみりんを合わせて電子レンジでアルコールを飛ばし、味噌をしっかり溶く。

Ⅱ Ⅰを牛肉全体に塗り、ラップや調理用保存袋などでぴっちりと包む。

Ⅲ 1〜2日かけて好みの具合に漬かったら、表面の味噌をふき取る。中弱火に

かけた樹脂加工のフライパンにサラダ油をひき、表裏、各2分程度を目安に好みの加減に焼く。

MEMO 焼き網や魚焼きグリルで焼くと、味噌の香ばしさが際立つが、直火はフライパンよりもさらに焦げやすいので火加減に注意が必要。甘めの味つけが好みならば、みりんを増量したり砂糖を加えてもいい。今回の調味料の分量は2日間漬け込んで、塩味がきちんと肉に入る程度。漬け込み期間に応じて、肉質や風味が変化する。長期間漬け込むなら、より繊細な塩分量の調整が必要になる。

Foodstuff
PORK

menu
024

＼お豚様歓迎！（byぬか床）／
豚バラのぬか漬け

肉だって（ぬかに）漬かりたい！

POINT!!

壱 加熱後に白っぽくなる肉を漬けるべし

加熱後の色が近い豚肉や鶏肉は、微妙な酸味を加えるぬか床との相性もいい。とりわけ豚バラとの相性は◎。

弐 香り高いごま油との相性◎

きゅうりのぬか漬けにおける醤油のように、ぬか漬けは合わせる調味料で味が膨らむ。肉類ならごま油で間違いない。

参 酸味系のソースとの相性も◎

ぬか床で塩味は入るが、チキン南蛮風にタルタルやタンドリー風のカレー味など酸味系の調味料との相性◎。

■**材料**［1人前］

豚バラブロック肉（250g）
ぬか床　適量（約100gが目安）
ごま油　適量

■**作り方**

Ⅰ ファスナー付き保存袋に豚バラブロック肉とぬか床を入れ、よくもみ込む。

Ⅱ 冷蔵庫で1〜2日漬け込んだら、取り出してぬかを洗い落とす。好みのサイズに切り分ける（やや厚めがおいしい）。

Ⅲ 中弱火にかけたフライパンにごま油をひき、豚バラ肉を焼く。1cm厚なら表裏各3分が目安。

MEMO P26のポークチャップのように、まずかたまり肉の状態で脂身部分をきっちり焼いてから、切り分けて各表面を焼く手法も。

「ぬか床は家の味」という理想はさておき、イチからぬか床を育てると手間も時間もかかる。まずはスーパーや百貨店で販売されている、1kg数百円程度の「発酵済み」のぬかみそを買ってくるのが手っ取り早い。市販品は塩がきつめのものが多いので「炒りぬか」と湯冷ましを足すなどして、自分好みの味に調整したい。

Foodstuff

CHICKEN

menu 025

／余らせてはいられない！／

鶏もも肉 塩麹漬け揚げ焼き

「流行りモノ」で片付けてる場合じゃありません。

POINT!!

壱

塩麹もやっぱり油と好相性

塩麹独特の香りがいい方向に膨らむ。ごま油のほか、味を引き締める酸味やピリ辛味とも好相性。

弐

酵素を活性化させる調味料を加水

塩麹のたんぱく質分解酵素はpHが酸性のほうが活性は高くなる。つまり煮切り酒で、加水とpH調整のW効果！

参

鶏肉だってアロゼされたい！

皮目を焼きながら出た油を身に回しかける「アロゼ」は、焦げやすい塩麹漬けの鶏と熱源との距離も確保できる。

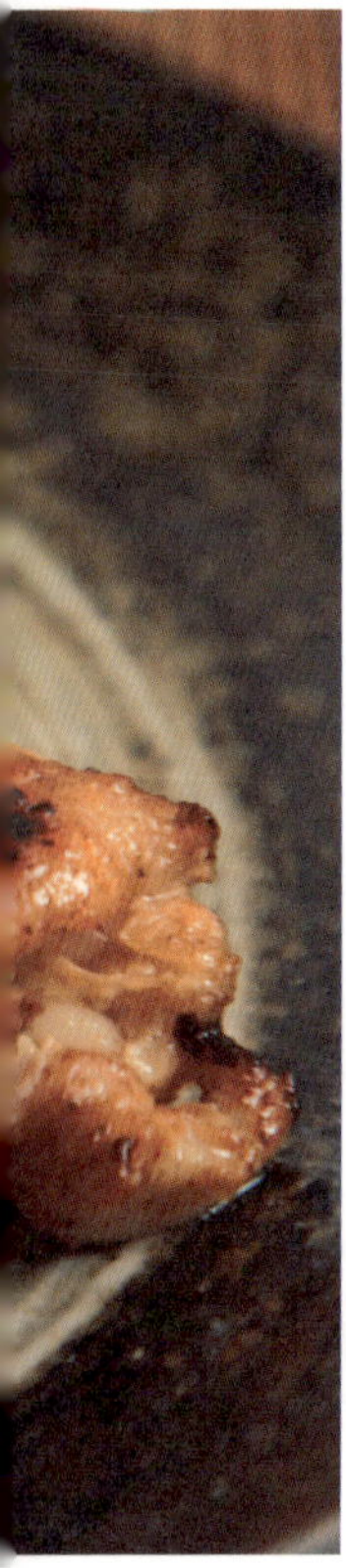

■材料［1人前］

鶏もも肉　1枚（250〜300g）
塩麹　大さじ2
煮切り酒（水でも可）　大さじ2
ごま油　50cc
青ねぎ　適量
（お好みで）柚子胡椒、山椒、花椒など

■作り方

I　ファスナー付き保存袋に鶏もも肉と塩麹、煮切り酒を入れ、よくもみ込む。冷蔵庫に入れて、30分以上漬けておく。青ねぎを小口切りにする。

II　鶏もも肉を保存袋のなかで、もう一度もみ込み、ペーパーなどで水気を取る。フライパンにごま油をひき、鶏肉を皮目

から入れて中火にかける。

III フライパンの手前側を持ち上げ、鍋肌にたまった油を中央の鶏肉に回しかけながら焼く（アロゼ）。全体が張ったように膨らんだら油を捨て、火を止める。1㎝程度に刻んだ青ねぎを散らす。

MEMO 鶏肉はうまく火を通せば肉汁たっぷりの、きめ細かな食感になる。フライパン焼きのポイントは「皮目は下」で火は弱めにすること。本レシピで「中火」になっているのは、アロゼのために鍋を持ち上げる分、火とフライパンの距離が離れるため。アロゼが面倒なら油を減らし、超弱火＋少しズラしてフタをしてもいい。ただし、仕上がりのコントロールは難しくなる。

肉漬けものは「生」に限る。

2011年、ブームに沸いた塩麹。何にでも使うことができる〝発酵〟調味料として、大ブームとなった。調味料としてはもちろん、メーカー発信ではない出所不明なブームとしては、戦後最大級の盛り上がりをみせたと言ってもいいだろう。塩麹の酵素といえば、一般的には「うまみをプラスする」「たんぱく質をやわらかくする」というふたつの効果に言及されることが多いが、その仕組みについては不明な点も多い。

それでもブーム以降、塩麹のメカニズムが各研究機関によって次々に明らかにされている。例えば実践女子大学の食品加工学研究室は、自家製の塩麹と複数の市販品の「酵素活性」を比較した。その際、「甘味を生み出す糖化酵素」と「食感をやわらかくするたんぱく質分解系酵素」について、自家製と市販品の比較実験を行っている。

まず、甘味を生み出すアミラーゼについては、自家製のほうが市販の塩麹より活性が高いという結果が出た。市販品のなかには自家製の数分の一～数十分の一の活性にとどまった酵素もあり、研究チームは「(市販品の)加熱処理による酵素の失活」の可能性に触れている。自家製塩麹は快適な温度でのびのびと育つ。一方、市販品は出荷にあたり、熱処理をされ、しょんぼりしてしまったというような構図だ。

実は塩麹は一般に「発酵調味料」と言われるが、狭義では酵素による「糖化」作用が起きているに過ぎないとも言われる。糖化とは麹から甘酒ができるときの作用。そして市販品にはその糖化酵素であるアミラーゼの活性が失われている塩麹が多いという結果が出た。麹から自家製の甘酒を作るときにも、一晩魔法瓶などで糖化をさせたあとにはいったん沸かして酵素のはたらきを止める。

市販の塩麹は、でんぷんをブドウ糖などに変換する能力のない単なる調味料で、それこそ甘酒に塩を入れれば、（活性が失われているタイプの）市販の塩麹になると言っても過言ではない。もし今後、第二の塩麹ブームが起きてスーパーの棚から塩麹が消えたら、あわてる隣の奥様には「塩麹がないなら、甘酒を買うといいですよ」と伝えてもいいのかもしれない。

ただしすべての市販の塩麹から活性が失われているわけではない。市販品でも「非加熱」と記載されたものは自家製に近い活性を示した。

とりわけ塩麹の効果としてもっとも光が当てられる、「たんぱく質分解系の酵素（プロテアーゼ）活性」――つまり肉や魚をやわらかくする効果については、市販品にも比較的高い活性が認められたという。なかでも「非加熱」の市販品には、自家製よりも高い効果が認められるものがあったほどだ。

その理由として挙げられていたのが、塩麹の製造元だ。実験に使用した自家製の塩麹は「漬け物用や甘酒用の米麹を使用」していたという。一方、たんぱく質分解系の酵素活性が高かったのは「味噌メーカーの商品であることから、たんぱく質分解酵素の活性が高い味噌製造用の麹菌を塩麹製造用に使用している可能性が考えられる」とされている。

つまりこの実験で使われた塩麹は大きく分けると「自家製＝糖化が得意なタイプ」「メーカー製＝たんぱく質分解が得意なタイプ」の2タイプがあったということ。そして加熱処理という過程を踏まなければ、得意分野での力は発揮できるということになる。

もっとも市販品で、加熱・非加熱の処理を選ぶのもそれなりの手間になる。

となると、肉や魚をもっともやわらかくする塩麹を入手するには、味噌蔵から「味噌用」「塩麹用」米麹を取り寄せて、自家製の塩麹を作るのが手っ取り早いのかもしれない。

塩麹のたんぱく質分解力をアップさせる秘訣。

ちなみに前出の実験では塩麹に含まれるプロテアーゼが、どの程度のpHで活性が高くなるのかも測定していた。論文ではあくまで自家製塩麹と市販品を比較していたが、使い手とすれば「じゃあ、塩麹をいつ、どう使えばいいの？」となる。

結論から言うと、塩麹を使うときにもpHを酸性に寄せておいたほうが肉はやわらかくなりやすいという結果が出た。塩麹にもさまざまなプロテアーゼが含まれているが、pHが「中性」（pH＝6・0）のときに活躍する中性プロテアーゼは全体に活性は低く、pHが「酸性」（pH＝3・0）ではたらく酸性プロテアーゼ活性のほうが全般的に高い数字を示した。

ちなみに東京聖栄大学のチームによる研究では塩麹自体のpHは自家製、市販品ともに5・2～6・1の間だという。この数字は弱酸性～中性を示していて、プロテアーゼ活性の高いpHのゾーンではない。つまり塩麹で下味をつけるときには、日本酒やワイン、酢など酸性側にpHを下げる調味料を加えたほうが、より塩麹の力が発揮されてやわらかくなりやすいということのようだ。

実は、麹のプロテアーゼ活性の強さについては、塩麹ブーム以前から研究者の間では知られていた。2002年に報告された北海道立食品加工研究センター（現・北海道立総合研究機構食品加工センター）の「酵素処理等による食肉の品質改善技術の開発」の実験中、あまりに麹類のたんぱく質分解活性が強力だったため、実験の反応時間を当初の24時間から5時間へと短縮した揚げ句、以降の食肉軟化処理試験等については軟化剤を醤油粕と麹類に絞ることになった。麹にはもともとそれくらい強力なたんぱく質分解力があったのだ。

ブームとなったことで、疑問点が可視化され、その疑問が次々に解消されていくのならば、あの喧騒もそう悪いことではなかったのかもしれない。

というのも今回の「肉漬け物」に登場した味噌やぬかについて、最近の研究が見つからないのだ。味噌については、昭和40年代頃からプロテアーゼなど酵素に関係する論文は山のようにあるが、最近では「味噌汁と塩分」というような健康面に焦点を当てた論文が多い（もちろん、それも大切なことではあるが）。

さらにぬか漬けのもととなる米ぬかに至っては、黒毛和牛のような家畜へ飼料を与えたときの効果や、米ぬか抽出物を対象とした記述ばかり。もはやぬか漬けは人間の食べ物ではないかのような論文ばかり。料理・調理科学ジャンルの論文は、他のジャンルより比較的世間のトレンドに敏感なのに、ぬか漬けの論文はほとんどない。それはわれわれの生活から、ぬか漬けが追い出されつつあることを意味している。

２０１３年、和食がユネスコの無形文化遺産に登録された。関係各所は喜びに沸いたが、そもそも無形文化遺産が提案された背景には、国内の料理人たちが抱える「和食絶滅」への危機感もあった。京都の老舗料亭、菊乃井のオーナーシェフ村田吉弘氏などはメディアに向けて、たびたび「文化遺産登録自体が、失われつつあるものを守ろうとする動き」と口にしている。

ぬか漬けはまさに失われつつある漬け物のひとつなのかもしれない。だが失ってしまうには、この味はあまりにノスタルジックだ。

「生」の味噌で漬けるとアミノ酸が激増する。

味噌については、いまだ日本人の日常に欠かせない調味料であり、論文の絶対数もまだ多い。調理科学分野の論文や研究も多数発表されている。２００１年には「鶏レバーをいろんな味噌に漬けたらどうなるのか」（※正確には「鶏肝臓味噌漬の性状と嗜好に及ぼす各種味噌の影響」）という発表も行われ、ここでもやはり味噌のたんぱく質分解酵素の変化――プロテアーゼ活性には触れられている。

使用した味噌は4種類、米味噌と豆味噌をそれぞれ生と加熱済みのものを比較した結果、米味噌、豆味噌、ともに生のプロテアーゼ活性が高くなっていた。

肉の味噌漬けは一般に「ねっとりした食感」と言われるが、たんぱく質分解酵素が働くことで肉質はきめ細かくなめらかになる。その上、塩分による脱水がなされる。生も加熱も脱水による「締まり」は加わるが、発酵を止めていない生味噌のほうが、きめ細かい肉質になることで「ねっとりした食感」になりやすいというわけだ。

さらに4種類の味噌とも、うまみのもとでもあるアミノ酸は全種類増加していて、とりわけ生味噌は加熱済みの味噌と比較して、遊離アミノ酸含量が全種類上回るという圧倒的なうまさが数字に表れていた。

論文ではアミノ酸増加の理由を「味噌から浸透したもの」と「漬け込み中のプロテアーゼ作用によって生成」されたものと考察していた。4者の味噌に敗者はいない。すべての味噌が漬け込んだ肉をおいしく変える。が、それでも「生」の2者は圧倒的な強者だったというわけだ。

われわれのまわりは情報であふれている。2000年代には「10年前との比較で選択可能情報量は530倍になった」などと騒がれていた。いま現在も情報流通量は増え続けている。あまりの情報量に飲み込まれ、目の前の事実を受け止めずに「生味噌って言っても、そんなに味なんて変わらないでしょ」としたり顔で言う人もいるかもしれない。

だが大切なのは情報の「量」に飲み込まれず、「質」を見極めること。味噌漬けひとつとっても数字が示している。「生」はやっぱりうまいのだ。

＼味にワケアリッ！／

第五章

＼たまには背伸びして！／

がんばりたい“週末肉”！

めったに作らないメニューだけど、週末くらいはちょっぴりコジャレた一皿でホメられたい。つま先立ちなのは百も承知。それでも場が盛り上がるならがんばりたい。ちょっとの根気があれば大丈夫（なくてもだいたい大丈夫）。

Foodstuff
PORK & CHICKEN
menu 026

＼「田舎風」なのにアガる！／
パテ・ド・カンパーニュ

「パテカン、作ったよ！」言いたいだけでいいんです！

POINT!!

壱 食べ頃は、作り手次第、食べ手次第！

レバー入りはだんだん香りが強くなる。食べ頃は食べ手の顔ぶれを想像しながら作り手が決める！

弐 背脂は近所の店に電話して

豚の背脂は店でミンチにしてもらうとラク。電話で「背脂のミンチ、おいくらですか？」と扱いを確認。

参 肉は調理直前まで冷蔵庫で冷やしておく

豚肉をまずしっかり結着させたいので、肉類はすべて調理直前まで冷蔵庫（あれば氷温室）で保管する。

■材料［パウンド型20cm　1個分］

豚ひき肉　250g、鶏レバー　100g、豚背脂（精肉店でミンチにしてもらう）50g、にんにく　1かけ、玉ねぎ小1個、塩　小さじ1、黒胡椒　少々、ブランデー　大さじ1、牛乳　適量、ベーコン　6枚、ローリエ　3枚、エルブ・ド・プロヴァンス（ミックスハーブ）適量

■作り方

I　にんにく、玉ねぎはみじん切りにする。鶏レバーは冷蔵庫で牛乳に30分漬ける。

II　冷やした豚ひき肉と塩をパン用のブレードをつけたフードプロセッサーにか

ける。肉がまとまってきたら、カット用のブレードに付け替え、鶏レバーとブランデーを入れてなじむまで回し、さらににんにく、玉ねぎ、胡椒、背脂を入れて、全体に一体感が出るまで回す。

Ⅲ パウンド型の凹型に合わせて少しずつ重なるようにベーコンを6枚並べる。Ⅱを流し込み、ベーコンの両端をたたむようにして覆う。その上にローリエを並べ、エルブ・ド・プロヴァンスを振る。

Ⅳ Ⅲを容器ごとアルミホイルで巻き、180℃のオーブンで湯せんにかけて80分焼く。あら熱が取れたら、冷蔵庫で一晩冷やす。

Foodstuff
CHICKEN

menu
027

＼いつも瞬殺される／
レバーペースト

レバー嫌いすら夢中になる超テッパンの一品。

POINT!!

壱

レバーの食味は日本酒でUPする

レバーは徹底した血抜きをして、日本酒でマリネ。アミノ酸が増加し、食味がアップするという研究報告も。

弐

レバーの臭みは油で封じ込める

レバーは高温の油で生臭さが抑えられる。うまみと香味野菜の香りをプラスして、味にさらなるふくらみを。

参

バターは一人二役のマルチプレイヤー

バターは、炒め油役とクリーム役の両刀使い。レバー自体の臭みを抑えつつ、まろやかにマスキング。

■材料［4〜6人前］

鶏レバー　200g
〈マリネ液〉
醤油　小さじ1
日本酒　100㎖
水　100㎖
〈調味料〉
バター　120g
にんにく　1片
玉ねぎ　½個
ローリエ　1枚
鶏がらスープ　100㎖
黒胡椒（できれば粒）　適宜

■作り方

1 レバーは筋を取り、流水でしっかり洗い、醤油と日本酒と水を合わせたマリ

ネ液に漬けて冷蔵庫で数時間マリネする。
にんにく、玉ねぎはみじん切りにする。

Ⅱ 小鍋に分量の半分のバター、にんにく、玉ねぎ、ローリエを入れ、中火にかける。玉ねぎがきつね色になったら、水気をふいたレバーを入れる。レバー全体の色が完全に変わったら、鶏がらスープを注ぎ黒胡椒を入れ、水気がなくなるまで炒め煮にする。

Ⅲ Ⅱからローリエを除いて残りのバターとともにフードプロセッサーにかける。あら熱をとり、型に流し込んで冷蔵庫で冷やす。

Foodstuff
CHICKEN

menu 028

／超やわらかくなる＼
砂肝のコンフィ

とにかく沸かさない。それだけ守れば大丈夫。

POINT!!

壱 砂肝の筋はきちんと取る

油でやわらかく煮るコンフィでは、かたい筋はやはり取っておきたい。仕上がりの食感がまるで別物になる。

弐 鍋の温度には気を配る

「ごく弱火」でも、目標の70℃から前後することも。常に鍋底に小さな粒がついている状態をキープ。

参 鍋底に皿を敷く

袋が溶けないよう要注意。耐熱温度の確認に加えて、直火の当たる鍋底は温度が100℃以上になることも。

■材料［4〜6人前］

砂肝　250g
塩　小さじ1
にんにく　1かけ
ローズマリー、タイムなどのハーブ　各1枝
オリーブ油　適量

■作り方

Ⅰ 砂肝はちょうつがいのようになった継ぎ目の白い筋を切り取り、塩を全体に均等にまぶす。2〜6時間ほど冷蔵庫で漬け込む。

Ⅱ にんにくはスライスする。砂肝は水気をふき取り、にんにく、ハーブとともにファスナー付き保存袋に注ぎ、全体が

ひたひたになる程度のオリーブ油を注ぎ、ストローなどで空気を抜いて口を閉じる。

Ⅲ たっぷりの水を入れた鍋の底に皿を敷き、中火にかける。鍋の底に小さな気泡がつき始めたら、Ⅱの保存袋を入れ、ごく弱火にしてフタを開けたまま1時間30分温める。

MEMO 60℃台～70℃前後で加熱できればいいので、炊飯器の保温モードを活かす手も。本格的な調理を目指すなら、調理用保存袋を使わず、多めの油を耐熱皿に注いで低温（80～100℃）のオーブンで加熱してもいい。

内臓肉との上手なつきあい方。

内臓肉の扱いは難しい。とりわけレバーのように好き嫌いの激しい素材を扱うときには、食べ手へのリサーチは欠かせない。調理時のアプローチが「好きな人にはたまらない」か、「嫌いな人でも大丈夫」に分かれるからだ。本書でもP60の「純レバ」は好きな人にはたまらない（と思ってもらえるように心がけた）チューニングで、P116のレバーペーストは苦手な人でも食べてもらえる（ように工夫した）レシピにしている。

一口に内臓肉といっても、一緒くたには扱えない。例えばハラミのような赤身肉なら筋肉――横紋筋という伸び縮みするスプリングのような組織だし、その他の内臓肉は平滑筋という配列がバラバラの結合組織。ホルモンのように加熱しても収縮が少なく、かたくなりにくい。肉を焼けば一目瞭然。特定の方向に縮むカルビやロースは横紋筋で、脂が落ちてなんとなく小さくなるホルモンは平滑筋だ。

一方、レバーは、そもそも細胞自体が違う。横紋筋でも平滑筋でもなく、大きな結合組織に肝細胞がぎゅっと詰まっている。加熱すると細胞が固まってしまい、食感が悪くなる。

2003年に発表された「レバーソテーのにおいに及ぼす調理温度の影響」という論文内の調査でも「レバー好き39・5%、好きでも嫌いでもない14・8%、嫌い45・7%」と圧倒的な不人気ぶりが紹介されている。嫌いな人にその理由を聞くと「生臭い27・0%、味16・6%、かみごこち11・0%……」と散々な結果だ。

この論文では、牛、豚、鶏のレバーをそれぞれ100℃と180℃で調理したときに、味やにおいがどのように変化するかを測定している。実験方法としては、100℃、180℃のオーブンに油を加えたレバーを入れ、中心温度を80℃まで上げるというもの。ちなみにこの条件を満たす加熱時間は、100℃で4分弱、180℃で2分強だったという。

そして実験の結果では、牛、豚、鶏すべて高温の180℃で調理したほうが、低温の100℃で調理したものより「生臭さ」が少なく、味も好まれたという。

実験では次のようなことが確認された。

・レバー臭の原因物質が「低温×長時間加熱」という条件で多く生成されること。
・油を使って「高温×短時間」調理すると、レバーの表面に油が入り込み、独特のにおいを抑えられること。
・さらに香ばしさを伴った焼き目がつく「メイラード反応」が起き、そこから生成されるマスキング効果のある香気によってもレバー独特の生臭みが抑えられる。

考えてみれば、「純レバ」に限らず「レバニラ」など中華料理店などのレバー料理は、たいてい高温に熱した鍋で大量の油を使って、短時間で調理される。昔からの手法にはやはり意味があるのだ。

同じレバーを使っても、レバーペーストやパテ・ド・カンパーニュは調理から食べ手の口に入るまでの道のりも違うし、口にするシーンも違う。

レバーを使った中華系の炒めものは、たいてい一人か多くてもせいぜい家族の食卓くらいまでで、調理後即食べ手の口に入る。一方、洋風料理のレバーペーストなどはパーティや宴会の席で好まれ、作ってから少し時間を置いて食べることが多い。長ければ冷蔵庫で寝かせて数日後ということもある。

レバーは時間がたつと、独特の香りが強くなってくる。好きな人にとっては「味がのる」となるが、苦手な人にとっては「レバーくさい」となる。だからこそ、最初の下処理をしっかりしておくことが大切になる。

1990年代、鶏レバーについて研究していた椙山女学園大学家政学部の研究チームがあった。酢、サラダ油、ワイン、食塩などに鶏レバーを漬け込み、食味評価を繰り返したが、結果はかんばしくなかったという。だが「醤油×日本酒」、とりわけ日本酒を使った鶏レバーのマリネは有意に評価が向上。研究では日本酒の濃度と漬け込み日数を変えながら、さまざまなパターンを試したところ、味わいのもととなるアミノ酸はいずれのパターンでも同等か増加傾向が見られ、官能テストでも鶏レバー独特の臭気が緩和されたことが確認された。

レバーの血抜きや臭み取りといえば、長く流水や牛乳と相場が決まっていた。だがインスタントな正解にばかり飛びついていても、その先にあるのは予定調和にも等しい味気なさだ。週末に包丁やフライパンを手に取るとき、たまにはいつも頼りにしているレシピを閉じて頭のなかで立てた仮説に基づいて味を組み立ててみる。それは週末をゆたかにするだけでなく、自らの可能性を広げるためのトレーニングでもある。

万が一、仮説の立証が失敗に終わったら？　そのときには、謝罪とトラブル収拾のトレーニングになると割りきって、腹をくくっておきたい。成功しても失敗しても、やりきることで男はあがる。

Foodstuff
LAMB

menu
029

／とにかく燃えるぜ！＼

ラムチョップジンジャー

「肉」「調味」「焼き」のトリプル燃焼メニュー！

POINT!!

壱

最初に出た脂は捨てる

羊の脂は断面からの酸化が早い。最初の脂は酸化臭のもとにもなる。まず脂身をしっかり焼き、脂を捨てる。

弐

加熱しすぎてはならぬ

他の肉同様、目指す断面はロゼ色。火を通しすぎるとかたくなる上に、特に羊は香りがきつくなる。

参

羊は、ひと味プラスが効きやすい

香りの強い羊は、味の「正解」が無数にある。漬け込みダレに、香味野菜やフルーツなどを加えてもいい。

■**材料**［2人前］

ラムチョップ　300g

〈調味液〉醤油　大さじ2、みりん　大さじ2、国産しょうが（すりおろし）小さじ1（チューブタイプや外国産なら量を1.5倍に）

サラダ油　大さじ2

■**作り方**

Ⅰ　ラムチョップは脂身に格子状に包丁を入れ、醤油、みりん、しょうがを合わせた調味液に10～20分ほど漬け込む。

Ⅱ　フッ素樹脂加工のフライパンにサラダ油を入れ、中弱火にかける。ラムチョップを立てて置き、脂身の面を4～5分

焼く。油をいったんふき取り、再び中弱火にかける。

Ⅲ 片面3分（厚さ1・5〜2㎝程度の場合）程度を目安に焼く。両面に焼き色がついたら、皿に取る。もう一度フライパンの油をふき取り、漬けていた調味液を入れて中火にかける。ひと煮立ちしたら、皿に取った肉にかける。

MEMO そのままでも食べられるが、ソースたっぷりが好みなら、仕上げたあとのフライパンの油をもう一度ふき取って、調味液を入れる。中火にかけて、ひと煮立ちしたらソースの完成。ちなみにラムチョップ1本の重さはだいたい70〜80g程度。火を通し過ぎないよう、目を離さず焼き上げたい。

Foodstuff
BEEF

menu
030

＼BBQが変わる！／

牛角切りとズッキーニの串焼き

知見が凝縮された日本BBQ協会公式メニュー！

POINT!!

壱

串焼きは加熱時間が同じ組み合わせを

牛肉とズッキーニは同サイズが同じ時間で火が入るゴールデンコンビ。基本にして最強の組み合わせ。

弐

グリルにはフタをする

米・Weber社のBBQグリルなどフタがあるグリルを使うべし。フラットグリル用のカバーも市販されている。

参

熱源からすべての具材を等距離に置く

放射熱を多く発する炭で焼く場合、必ずしも熱源の真上に食材が来る必要はない。重要なのは距離と位置関係。

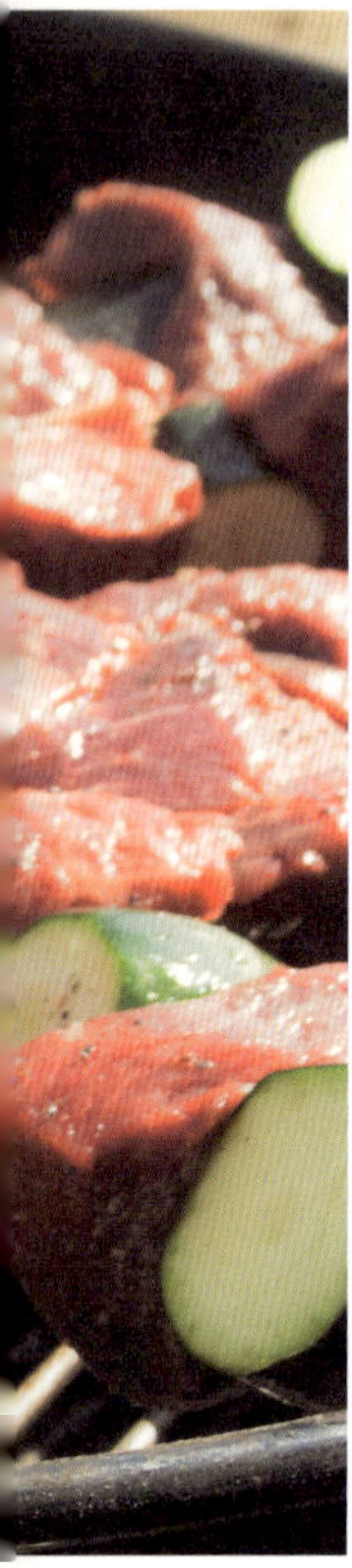

■**材料**［5串 約10人前］

牛肩ロース肉 700g
ズッキーニ 3本
塩、胡椒、オリーブ油 適量

■**作り方**

I 炭を熾《おこ》す（全体に灰をかぶったように白っぽくなる頃が、安定した状態）。牛肩ロース肉は3〜4cm角に切ってたたく。ズッキーニも同じサイズに切り分ける。

II 牛肉とズッキーニを交互に串に刺し、ズッキーニにはオリーブ油を塗る。全体に強めの塩、胡椒で味をつける。

III 食材が熱源から均等な距離を保つよう、炭をレイアウトし、串を網の上で焼

き、焼き目がついたらフタをする。約20分が仕上がりの目安。

MEMO 丸型のグリルなら、中央を開けたドーナツ状の「サークル・ファイア」に。角型グリルでも狭い両サイドに炭を配して中央に串を乗せるなど狙いに応じた工夫を行いたい。炭火焼きでもっとも大切なのは熱のコントロール。国内の一般的な角型フラットグリルは、炭から網までの距離が近く、焼き面も小さいので炭が本来持つ遠赤外線効果を発揮するのが難しいが、炭をほとんど置かない「弱火ゾーン」、少し炭を置く「中火ゾーン」、がっつり置く「強火ゾーン」を使い分けて素材を攻略したい。

なぜわれわれ日本人はこんなに「火」の扱いがヘタなのか。

われわれ日本人は「火」の扱いがヘタだ。客自身に肉を焼かせるという、世界的にも希有な業態の「焼肉店」が2万軒以上（タウンページ調べ）ある国にもかかわらず、びっくりするほどヘタだ。焼肉店に行くと、間違った常識を振りかざす隣席の客――ときには相客にげんなりすることが少なくない。

彼らは「ごちそう」であるはずの肉を信じられないほど雑に扱う。しかもなかには、わざわざまずくなるように焼いている人もいる。本人はよかれと思ってやっていたりすると余計にタチが悪い。そうして肉好きは肉好き同士でつるむことになり、両者の格差は日に日に広がってしまう。〝肉焼き格差社会〟は今日も進行中だ。

時折、焼肉や焼き鳥、かたまり肉を提供する名店を取材させてもらうことがある。各店とも業態も違うし、提供する肉の質や一品ごとのサイズも違う。当然細かい技法に差異はある。それでも「肉焼きの常識」にほとんどズレはない。

そしてそのプロの「当たり前」は、驚くほど一般客とは違っている。

火の強弱はエリアでコントロールする。

焼肉を例に挙げてみよう。ガスロースターなど火力が調整できる店でも、実は焼き網上場所で温度は異なる。四角い昔ながらのガスロースターで測ってみると、直火が当たる部分がだいたい350〜400℃、中央が250〜300℃、隅のほうが150〜200℃くらいだ。

炭火七輪の店だとさらに温度差は大きい。炭がカンカンに熾《お》きている場合、中央は500℃以上になることもあるが、少し外れた周辺は250〜350℃程度。さらに炭火から外れたフチの部分は100℃以下ということもある。同じ網の上でも場所が数cmずれるだけで、温度は100〜200℃以上も上下する。

焼きのうまい達人たちは、必ずこうした温度差を活用している。人によって、そして肉や焼き台によって焼き方は微妙に違うものの、誰もがこうした網上の火力の違いを活用している。例えば、強火ゾーンで両面に焼き目をつけ、弱火ゾーンで休ませる。もしくは中火ゾーンで焼き目を入れながら、中まで火を通すなど、火力の強弱を使いこなしているのだ。

まずは、焼き目命！

達人たちは必ず「表面に焼き目」を入れる。まず肉を網に乗せるとき、網がしっかり熱くなっていることを確認する。温度が低いとくっついてしまうのだ。そして一瞬肉が網に触れるか触れないかの加減で一度持ち上げる。たんぱく質が凝固する前に持ち上げ、微量の脂と水分を網に置いてくることで、くっつきリスクは軽減できる。

ちなみに「レモンを網に塗ればくっつかない」などというが、そこまでやる必要はない。ダメな網はレモンを塗ろうがくっつくし、そもそもレモンは味つけのためのものだ。

むしろ気をつけたいのは裏返す場所。同じ場所に裏返す光景を見かけるが、パタンと倒すように、隣の位置に裏返したい。いままで肉が触れていた場所は温度が低く、すぐに焼き目はつかない。強火ゾーンは焼き目をつけるためにある。薄切り肉なら両面に焼き目がつけばもう食べ頃だし、厚切り肉なら、あとは中まで温まるよう、弱火ゾーンなどに移動させたい。

「焼き目＝メイラード反応」でうまさは増幅する。だからまっとうな焼肉店では、たいてい鉄板系の縞模様の網か、格子状でも網目の太い網を使っているし、なかには焼き台や網を特注している店もある。焼き目はかくも大切なのだ。

余熱が味に決定的な差をつける。

言うまでもなく、厚切り肉は「余熱」使いが重要だ。火の強いエリアで両面を焼いたあと、網上の火の弱いエリアで肉の内部を温めるように火を入れていく。なかには厚切りのタンなど熱をしっかり蓄えられる肉で、両面きっちり焼いたあと皿に取り、肉自体の温度でじわじわと火を入れる達人もいる。最初のほうで触れたように、40〜60℃の温度帯をゆっくり通過させると、うまみをふくらませるペプチドやアミノ酸が生成される。

そのほか、脂の多い肉などを焼いて脂を落とす際、「煙で燻したほうがうまくなる」という誤解があるが、脂が直火に落ちて立ち上る煙は雑味になる。ボーボーと炎が立ち上るような状態は回避しなければならない。火や煙が立ち上ったら、そこから肉は避難させるのが吉。炭火ならば店から氷をもらって火の上に置くなどして消火につとめたい。

肉の焼き方の基本。

最終的に「焼き加減は好み」であることは承知の上で、最後にざっと駆け足で、肉の基本的な焼き方、考え方を主な種類別に述べておきたい。

タレ味　中火ゾーン↓（返して）中火ゾーン↓（厚さによって）弱火ゾーンへ。タレは強火ゾーンだとあっという間に焦げる。
塩味　強火ゾーン↓（返して）強火ゾーン↓（厚さによって）弱火ゾーンへ。塩は焦げ目がつきづらいので、思い切って強火にさらす。
カルビ　脂をきっちり焼ききる。「サッと炙る」だけだと脂身のクドさが残る。
厚切りタン　強火で両面を焼いたら、皿に取って余熱で火を通し、最後にもう一度表面をパリッと焼く（という焼き方を銀座の名焼き鳥店のご主人に教えていただいた。これがうまい）。
ホルモン　脂の面を上にしてじっくり焼き、7割方火が通ったら返して好みの脂の加減で引き上げる。

もともと日本には「遠火の強火」「魚は大名に焼かせよ、餅は××に焼かせよ」という格言があるほど、火は日常の営みのなかにあった。だがいまはガスの火さえも風前の灯だ。その背景には、戦後の急速なインフラ整備や高度成長期の生活様式の変化がある。また生活文化が伝承されないまま、東京への一極集中が加速してしまったこともその一因だろうが、紙幅の都合でこれはまた別な機会に申し上げることにさせていただきたい。

第六章

〆はどうする!?

汁肉・煮込み肉、〆肉選手権!

宴席は肉に始まり、肉に終わる——とは限らないが、やっぱり〆の肉は盛り上がる。最後に選ぶのは汁か煮込みか、それとも炭水化物か。ちょっとした一手間で味が激変するのは、汁物も煮込みも同じ。今宵の最高の〆はどれだ!?

Foodstuff
BEEF

menu
031

＼人気ありすぎ／ 牛すじカレー

**プルプルと震える牛すじから
濃厚なとろ〜りスパイシー！**

POINT!!

壱

下ごしらえは個体によって使いわける！

鮮やかな赤色のすじ肉なら、ゆでこぼすのではなく炒めて焼きつけるという下ごしらえでもいい。

弐

煮込み料理は、日本酒でpHを酸性に

肉の煮込みは、醸造酒を入れてpHを酸性にするとやわらかくなる。とりわけ日本酒の効果はすごい！

参

カレー粉は炒めなくてもいい

カレー粉のスパイスは出荷前に焙煎されている。炒めても構わないが、ヘタに炒め過ぎると逆効果に。

■材料［6人前］

牛すじ肉　800g、バター　30g、玉ねぎ　中2個、にんにく（すりおろし）2かけ、しょうが（すりおろし）　大さじ2、カレー粉　大さじ3、小麦粉　大さじ2、ホールトマト缶　1缶、塩　小さじ1、日本酒　100㎖、水　1000㎖、カレールウ　2皿分、（お好みで）塩、醤油、ソースなど　適量

■作り方

Ⅰ にんにく、しょうがはすりおろす。玉ねぎはスライス、牛すじ肉は一口大に切る。

Ⅱ 鍋に水（分量外）と牛すじ肉を入れ、中火にかけて沸騰させる。5分ゆでたら

流水で洗い、分量の水、塩、日本酒、ホールトマト缶とともに鍋に入れ、中弱火にかけて煮込む。減った水分は随時加える。

Ⅲ フライパンにバターと玉ねぎを入れ、中火で30〜40分間炒める。玉ねぎがあめ色になる手前でにんにく、しょうがを入れる。あめ色になったら小麦粉を加えて、なじむまで炒める。

Ⅳ ⅢにⅡの煮汁を少しずつ加えてのばし、Ⅱの鍋に戻し最後はカレー粉を加えて煮込む。肉がやわらかくなったら、火を止めてカレールウを加えて溶かす。塩、醤油、ソースなどで味をととのえる。

Foodstuff

BEEF

menu 032

／大阪のソウルフードを超えた＼

肉吸い

もはや人気、知名度ともに全国区！

POINT!!

壱 肉は50℃で洗う

肉は切り口から酸化して、雑味を生む。まずは酸化した部分をきれいに洗い流す。

弐 うまみを重ねる分、具はシンプルに

複数のうまみをかけ合わせるときは、主役以外を極力シンプルに。かつおだし、肉、おぼろ昆布に薬味で味は十分。

参 なるべく低温度で

肉をゆでるときには、フタを開けたままできるかぎり弱火に。

■材料［1人前］

牛バラ肉 150g
かつおだし 300㎖
薄口醤油 大さじ2
みりん 大さじ1
卵 1個
おぼろ昆布 適量
ねぎ（あれば青ねぎ） 適量

■作り方

Ⅰ ねぎは小口に切る。牛肉は50℃のお湯で洗う（※鍋を使うなら、弱火にかけた鍋のお湯の底に小さな気泡が出始めたら火を止める。肉を入れて混ぜて取り出す）。

Ⅱ 鍋にかつおだし、薄口醤油、みりん

を入れて火にかける。沸騰したらごく弱火にしてⅠの肉を入れる。アクをこまめに引く。味見をして味をととのえる。

Ⅲ 中火にして卵を落とし、ねぎを入れる。ひと煮立ちしたら火を止める。丼に盛り、おぼろ昆布を乗せる。

MEMO 通常のかつおだしは水に対しての重さが約1％の昆布と2〜3％程度のかつお節を使用するが、肉吸いの場合は具の肉からもだしが出る。負けないよう、しっかりとかつおのきいただしを取りたい。350㎖の水に昆布約3g（日高昆布で長さ約10㎝）、かつお節は4％（小分けパック4・5g×3袋分）を使う。削りたてのかつお節を使うと、だしの味が驚くほど変わる。

Foodstuff

BEEF

menu 033

＼牛のお肉がゴ〜ロゴロ／

ボロネーゼ

人が集まるずるい味！

POINT!!

壱 大量に作って、小分けに冷凍庫へ

時間・手間はかかるが圧倒的にうまい。ドリア、グラタンはもちろん、肉まんなどの具にもなる。

弐 パスタは太めを選択

うまみが濃いので太めのパスタがおすすめ。とりわけゆで上がりの安定したリングイネがおすすめ。

参 きのこを加えて、うまみ三役そろい踏み

トマトのグルタミン酸、肉のイノシン酸に、まいたけのグアニル酸をプラス。マッシュルームでもいい。

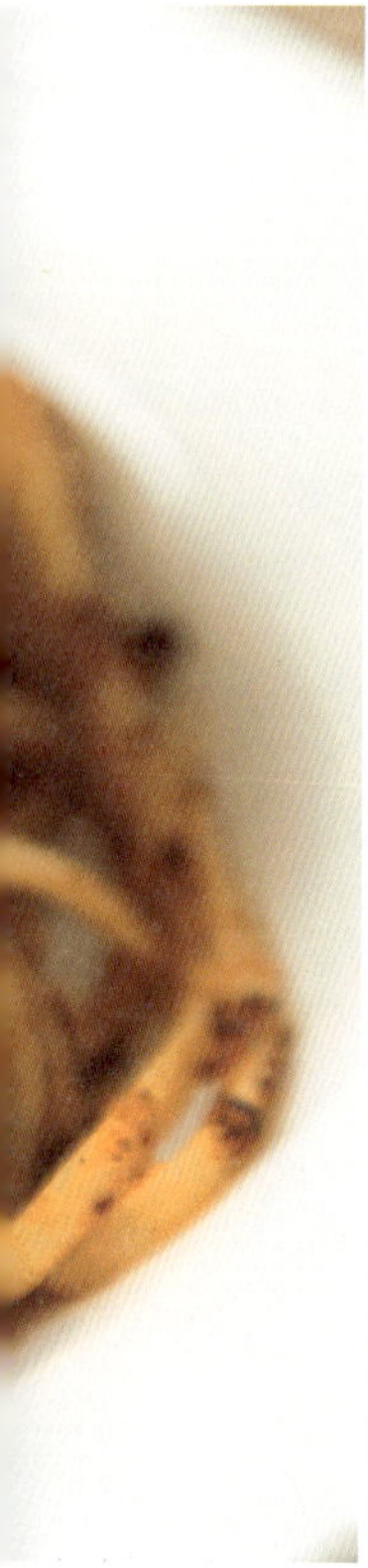

■**材料**［ソース10皿分］

合いびき肉 400g、牛すね肉 400g、鶏レバー 200g、にんにく 3かけ、玉ねぎ 2個、セロリ 2本、にんじん 2本、まいたけ 1パック、ナツメグ 少々、オリーブ油 200mℓ、赤ワイン ⅔本、トマト缶詰 400g×3缶、塩 大さじ2、胡椒 適量、ローリエ 3枚、バルサミコ酢 大さじ2

［パスタ1人前］

リングイネ 100g、パルミジャーノ・レジャーノ（粉チーズ） 適量、バター 10g

■**作り方**

1 にんにく、玉ねぎ、にんじん、セロリはみじん切りにする。牛すね肉は包丁で細かく切り、塩ふたつまみを振る。まいたけ、トマト缶、鶏レバーはフードプ

ロセッサーにかけておく。

Ⅱ フライパンにオリーブ油を入れ、まいたけ以外の野菜とローリエを中弱火で炒める。全体がきつね色になったら、牛すね肉、ひき肉、塩、胡椒とナツメグで下味を入れ、肉に焼き色がついたら鶏レバーと赤ワインも加え、煮詰める。

Ⅲ 水分がなくなったら、まいたけとトマトを加え、40〜50分煮込む。バルサミコ酢を加え、塩、胡椒で味をととのえる。

Ⅳ 鍋にたっぷりの湯を沸かし、塩ひとつまみを入れリングイネをゆでる。フライパンに1人前のソースをとり、温める。麺は袋の表示の1分前に上げ、バターとともにフライパンで和える。火を止めて皿に盛り、粉チーズをかける。

Foodstuff
BEEF

menu
034

＼肉は思い切り大きく／
ビーフシチュー

店の味を家に持ち込む！

POINT!!

壱
ルウは焦げ茶色になるまで炒める
深い色とコクのベースになるので、時間をかけてしっかり炒める。ルウは半日かけてもいい。

弐
肉も焼きつけて、香ばしさを出す
肉の焼き目の香ばしさはシチューのうまみを底上げする。きっちり焼きあげつつ、ゆめゆめ焦がすことなかれ！

参
塩麹で塩味とともに甘味とコクを
ビーフシチューはあらゆる手段でコクをプラスしたい。醤油や味噌でもいいがやや和風が強くなる。

■材料［5人前］
牛すね肉 700g、玉ねぎ 3個、セロリ 1本、にんじん 2本、にんにく 1かけ、ローリエ 3枚、マッシュルーム 大1パック、赤ワイン 300㎖、トマトペースト 1袋（小）、バター 50g、小麦粉 90g、ドミグラスソース 1缶、オリーブ油 大さじ2、塩・胡椒 適量、塩麹（味噌でも可） 適量

■作り方

I にんにく、にんじん（1本分）、セロリはみじん切り、玉ねぎはスライス、残りのにんじんは皮をむいて乱切りにする。牛すね肉は塩、胡椒をする。

II 強火にかけたフライパンにオリーブ

油大さじ1を入れ、牛すね肉を炒める。表面に焼き色がついたら皿に取り、火を中火に弱める。残りのオリーブ油を入れ、みじん切りにした野菜と玉ねぎを炒める。玉ねぎがあめ色になったら、水1ℓ（分量外）と赤ワイン、牛すね肉、にんじん、マッシュルーム、トマトペースト、ローリエを加え、弱火で煮込む。

III ルウを作る。別のフライパンを中弱火にかけバターと小麦粉を炒める。小麦粉が色づきはじめたら、火を弱める。全体が焦げ茶色になったら、IIのスープを少しずつ加え、のばしていく。

IV IIIのルウとドミグラスソースをIIの鍋に加える。味を見ながら、塩麹と胡椒で味をととのえる。

Foodstuff

PORK

menu 035

＼肉味濃厚！＼
豚の角煮

味抜けした軟弱なだけの角煮はもう卒業だ！

POINT!!

壱

豚肉は下ゆでせずに脂身を揚げ焼きに

下ゆでしてみすみす味を逃してしまう手はない。揚げ焼きで、味の流出を最小限に抑える。

弐

焼きつけて、香気成分を加える

揚げた後の肉を切り出したら、しっかり焼き目をつけて、香ばしい味わいをプラスする。

参

決して沸騰させてはならない

肉の組織が収縮しないよう、弱火で火を入れていく。筋繊維感を残しながら、やさしく濃厚な肉味に。

■材料［6人前］

豚バラ肉ブロック　1kg
しょうが　1かけ（15g）
昆布　10cm角
水　500mℓ
日本酒　500mℓ
砂糖　大さじ4
醤油　大さじ4
サラダ油　50cc

■作り方

I 鍋に水を張って昆布を入れ、ごく弱火にかける。しょうがは5mm厚にスライスする。

II サラダ油を入れたフライパンを中弱火にかける。しょうがと豚バラブロック

を脂身を下にして揚げ焼きにする。脂身の上の肉の色が変わりかけたら引き上げる。いったん火を止めて油を切る。

Ⅲ 引き上げた豚肉を2㎝厚に切る。フライパンを再び中弱火にかけ、豚肉の断面がきつね色になるまで、焼く。昆布だしに日本酒を入れ、フタをせずに肉と砂糖を入れて煮込む。減った分の水分は随時足していく。

Ⅳ アクを取りまくりながら90分ほど煮込んだら、醤油を入れてさらに60分煮込む。フタをして自然に冷まし、食べるときに温める。

最高の煮込み料理を作るために覚えておきたい、たったひとつのこと。

本書用のビーフシチューのレシピを起こすとき、素材の成分や手法の効果を調べなおしていて、はたと気づいた。もしかするとビーフシチューは最高の煮込み料理なのかもしれない。というのも、ビーフシチューの素材や調理法はすべてうまみに直結するものばかりだからだ。

主なビーフシチューの素材といえば、玉ねぎ、にんじん、マッシュルーム、牛肉などが挙げられる。ドミグラスソースがうまみたっぷりなのは言うまでもないし、ほかにもトマト、ワイン、にんにく、セロリなどさまざまな素材が加えられる。そうした素材のほとんどが「うまみ」に直結している。

ビーフシチューのレシピの手順を追うと、まずルウ作りから始まる。小麦粉をバターで色づくまで炒めると「メイラード反応」——糖とアミノ酸が反応して、さまざまな香気成分が生じる。老舗の洋食店ではこの作業に1～2週間かける店もあるという。そもそもバター（脂質）や小麦粉（糖質）は、味を飛び越えて脳が本能的に「うまい」と感じてしまう〝飛び道具〟なのに、そこにうまみを重ねていくのだ。

　さらにスープにはグルタミン酸たっぷりの玉ねぎ、にんじん、セロリという香味野菜が加わる。イタリアではこの3種の野菜を炒めたものが「ソフリット」としてうまみのベースとなる。万能の「野菜だし」とも言える存在だ。そこに牛でとったイノシン酸（かつお節のうまみのもと）たっぷりのフォンドボーが加わる。

　さらに「ビーフシチュー」となるともう一度、野菜や肉という具のうまみも加わる。しかもこの段階の牛肉は焼き目つき、メイラード反応のうまみもさらに倍というわけだ。レシピによっては、にんにくやトマト（ジュース、ピューレ）など、豊富なグルタミン酸のうまみがさらに加わることになる。

「かつおだし」に象徴されるように、グルタミン酸とイノシン酸はかけ合わせることでうまみが10倍以上に増幅される。それも両者の比率が7：3〜3：7あたりの拮抗したバランスの配合でもっともうまみが増幅される。その上、マッシュルームのうまみの主成分「グアニル酸」はグルタミン酸とかけ合わせると、うまみが数十倍にも増幅する。もはや元のうまみの何十倍になっているのかわからない。

　ちなみに近年の研究ではマッシュルームのグアニル酸は100℃で加熱すると減少するのに、60℃での加熱で1・8倍に増加することが明らかになっている。

シチューを煮込む際の鉄則として知られる「煮立たせない」「弱火でコトコト」はマッシュルームのうまみを増幅させるという面でも意味があったというわけだ。あまり知られていないが、実はトマトにもグアニル酸は含まれていて、こちらも加熱によって増加するということが近年の研究で明らかになっている。

こうして分解してみるとビーフシチューはまさにうまみの宝庫。味わいだけを見ても、ドミグラスソース（糖質＋脂質＋メイラード反応＋イノシン酸＋グルタミン酸）、具（メイラード反応＋グルタミン酸＋イノシン酸＋グアニル酸）とうまみが幾重にも重ねられている。

牛すね肉は加熱をはじめると40℃台まではやわらかくなっていくが、60℃を超えたあたりで急激にかたくなる。筋繊維を構成する細い筋原線維たんぱく質同士が貼りついて、かたくなるのだ。さらにコラーゲンが約65℃でぎゅっと縮み、もう一段かたく感じられるようになる。弱火から少しだけ火を強くして75℃以上をキープすれば、コラーゲンのゼラチン化は促進され、あとは煮込むほどにとろ〜りとしたやわらかい食感が得られるようになるわけだ。

煮込み料理において、鍋にフタをする、しない、については気にしない人も多い。しかし同じ弱火でもフタをしなければ水温は70〜75℃程度なのに、フタをすると90℃を超えることもある。フタの有無は煮込み料理において重要な要素のはずだ。使う素材と、目指す食感によって「フタをする、しない」にも思いを及ばせたい。

　では味はどうか。以前、鹿児島大学の研究者らがスープに牛もも肉を入れて、70℃、80℃、92℃という3段階の温度で加熱したときに、コラーゲンを含む肉のたんぱく質がどれくらい溶出するかという比較実験をしていた。その結果、70℃、80℃での加熱は92℃に比べて、たんぱく質の溶出が20～30％抑えられていた。うまみ、まろやかさをつかさどるコラーゲンの溶出が少ないということは、スープのうまみは薄いが、その分肉にうまみが残っているとも解釈できる。

　コラーゲンをうまみだと捉えてスープに抽出したければ、高温で煮込めばより溶出しやすくなる。ただコラーゲン以外の成分には不利な側面も多い。前述したようにマッシュルームのグアニル酸は100℃で煮込むと生よりも減少する。イノシン酸も100℃近い高温で加熱し続けると分解されてしまい、減少してしまうと言われる。日本料理でだしを引くときにも、今ではイノシン酸をつかさどるかつお節は80～90℃で入れて、沸かすことなく火を止めるという手法が一般的だ。

　あちらを立てればこちらが立たず。手順を重ねるだけでこれほど味が重なるビーフシチューですらそうなのだ。そう考えると無理に味を重ねることなく、狙いを定めて最大限に効果的な組み合わせの素材を選び、味わいを引き出すのが最善なのだろう。

たとえば、煮込み料理もどう解釈するかで温度別に適性は、変わってくる。

・すね肉、すじ肉などコラーゲンが多く含まれた肉のプルプルした食感を味わう料理
↓75～85℃以上の高温で長時間加熱。

・むね肉のゆで鶏など、コラーゲンが少ない肉のしっとりしたやわらかさを味わう料理
↓低温で長時間加熱（70℃以下で加熱するか、お湯に肉を入れたらフタをして火を止める。50℃台まで下がったら必要に応じて60℃台まで再加熱するなど）。

・シチューなど、スープと肉の両方を味わう料理
↓中温でメニューに応じて加熱（フタを開けて弱火でコトコト。70℃台をキープ）。

というところだろうか。

もちろん他素材の加熱適性にもよる以上、絶対的な不動のレシピなど存在しない。
取材させていただくプロのシェフや一流の料理家が口をそろえて言うことがある。

「数字にこだわる意味はない」

味はとても不確かなものだ。天候から素材、作り手や食べ手の体調などの不確定要素でいとも簡単に味わいは変わる。先のビーフシチュー問題にしても咀しゃく力の落ちた老親に食べさせるなら、高温で煮込んでコラーゲンのゼラチン化を促進したいところだし、きのこの味が好きな子どもに食べさせるなら、なるべく低温で加熱するのがいいということになる。もちろん目安となる数字は必要になるが、数字にばかりとらわれてしまうと本質を見失ってしまう。

結局のところ、料理を作る人が絶対に覚えておかなくちゃならないのはひとつのことだけなのかもしれない。

「自分は誰のために、どんなものを作ろうとしているのか」

家だからこそ出せる〝味〟がある。

主材料別一覧

〈牛〉

牛ステーキ肉

ビーフステーキ……10

ビフカツ……16

牛の味噌漬け……98

和牛かたまり肉

牛かたまり肉のロースト……18

牛肩ロース肉ブロック

牛角切りとズッキーニの串焼き……126

牛バラ肉切り落とし

肉吸い……136

牛すね肉

自家製コンビーフ……90

ボロネーゼ……138

ビーフシチュー……140

牛すじ肉

牛すじカレー……134

〈豚〉

豚肩ロース肉スライス

厚切りポークチャップ……26

ぬるしゃぶ……66

豚肩ロース肉ブロック

かんたんローストポーク……24

黒酢豚……62

豚ロース肉スライス

豚肉醤油麺しょうが焼き……64

ぬるしゃぶ……66

豚ロース肉ブロック

自家製ロースハム……88

豚バラ肉ブロック

超かんたんチャーシュー……28

豚バラのぬか漬け……100

豚の角煮……142

豚ヒレ肉ブロック
黒酢豚……62

豚ひき肉
肉シュウマイ……78
純肉団子汁……80
自家製生ソーセージ……82
パテ・ド・カンパーニュ……114

合いびき肉
肉味濃厚ハンバーグ……72
ボロネーゼ……138

〈鶏〉

砂肝
砂肝のコンフィ……118

鶏むね肉
サラダ用チキン（塩鶏）……52
鳥はむ……92

鶏もも肉
鶏のから揚げ……42
日式タンドリーチキン……48
鶏天……50
鶏もも肉塩麹漬け揚げ焼き……102

骨つき鶏もも肉
ローストチキン……36

鶏レバー
純レバ……60
レバーペースト……116
ボロネーゼ……138

鶏手羽元
日式タンドリーチキン……48

〈羊〉

ラムチョップ
ラムチョップジンジャー……124

羊腸
自家製生ソーセージ……82

主要調理法別一覧

フライパンで焼く

ビーフステーキ……10
牛かたまり肉のロースト……18
厚切りポークチャップ……26
純レバ……60
豚肉醤油麹しょうが焼き……64
肉味濃厚ハンバーグ……72
自家製生ソーセージ……82
牛の味噌漬け……98
豚バラのぬか漬け……100
鶏もも肉塩麹漬け揚げ焼き……102
ラムチョップジンジャー……124

オーブンで焼く

パテ・ド・カンパーニュ……114

オーブントースターで焼く

かんたんローストポーク……24
日式タンドリーチキン……48

コンベクションオーブンで焼く

ローストチキン……36

BBQグリルで焼く

牛角切りとズッキーニの串焼き……126

炒め煮にする

レバーペースト……116
ボロネーゼ……138
豚の角煮……142

煮る

純肉団子汁……80
砂肝のコンフィ……118
牛すじカレー……134
肉吸い……136
ビーフシチュー……140

蒸す

肉シュウマイ……78
自家製コンビーフ……90

ゆでる

超かんたんチャーシュー……28
サラダ用チキン（塩鶏）……52
ぬるしゃぶ……66
自家製ロースハム……88
鳥はむ……92

揚げる

ビフカツ……16
鶏のから揚げ……42
鶏天……50

揚げる・炒める

黒酢豚……62

主要参考文献

『NEW調理と理論』山崎 清子、島田 キミエ、渋川 祥子、下村 道子、市川 朝子、杉山 久仁子（同文書院）／『おいしさをつくる「熱」の科学』佐藤秀美（柴田書店）／『食肉加工ハンドブック』（編）天野慶之［他］（光琳）／『マギーキッチンサイエンス─食材から食卓まで』（著）Harold McGee、（監修、翻訳）香西 みどり（共立出版）／『Cooking for Geeks─料理の科学と実践レシピ』（著）Jeff Potter、（訳）水原 文（オライリー・ジャパン）／『新装版「こつ」の科学』杉田浩一（柴田書店）／『料理と科学のおいしい出会い』石川 伸一（化学同人）／『食品・料理・味覚の科学』都甲 潔、飯山 悟（講談社）／『料理の科学①』『料理の科学②』（著）ロバート・L・ウォルク、（訳）ハーバー保子（楽工社）／『おいしさの科学 味を良くする科学』河野 友美（旭屋出版）／『理屈で攻める・男の料理術』（著）ラス・パースンズ、（訳）忠平 美幸（草思社）／『調味料の効能と料理法』松田 美智子（誠文堂新光社）／『うま味って何だろう』栗原堅三（岩波ジュニア新書）／『コクと旨味の秘密』伏木 亨（新潮新書）／『うま味─味の再発見』（編）川村 洋二郎、木村 修一（栄大選書）／『だしの秘密』河野 一世（建帛社）／『実況《ライブ》・料理生物学』小倉 明彦（大阪大学出版会）／『科学的に正しい料理のコツ』左巻 健男、稲山ますみ（日本実業出版社）／『茶の湯の科学入門』堀内國彦（淡交社）／『料理と栄養の科学』（監修）渋川 祥子、牧野 直子（新星出版社）／『ぷくぷく、お肉』（河出書房新社）／「うまい肉の科学」（著）肉食研究会、（監修）成瀬宇平（サイエンス・アイ新書）／『牛肉の魅力』（公益財団法人 日本食肉消費総合センター）／『新版総合調理科学事典』（編）日本調理科学会（光生館）／『ハンバーガーの歴史』（著）アンドルー・F・スミス、（訳）小巻 靖子（スペースシャワーネットワーク）

＊＊＊＊＊

羽田 明子、岩見 哲夫、中村 アツコ、伊元 光代（1990）「低温低速オーブンで加熱調理した牛腿肉の性状」、『調理科学』、23（2）、180-185

粟津原 元子、田中 佐知、早瀬 明子、香西 みどり（2013）「加熱速度の異なる調理方法による鶏肉のうま味成分の変化」、『日本調理科学会誌＝Journal of Cookery Science of Japan』、46（3）、

188-195

黒田 素央、山中 智彦、宮村 直宏（2004）「食品の加熱熟成に伴う旨味の変化―加熱によるコク味発現を中心に」、『日本味と匂学会誌』、11（2）、175-180

石井 克枝［他］、土田 美登世、西村 敏英、沖谷 明紘、中川 敦子、畑江 敬子、島田 淳子、（1995）「低温長時間加熱による牛肉の旨味物質と旨味性の変化」、『日本家政学会誌』、46（3）、229-234

加藤 征江（2009）「揚げ物調理の条件が揚げ油の劣化と揚げ物の官能評価に及ぼす影響」、『日本食生活学会誌』、20（1）、47-54

安本 教伝（1990）「食肉の塩漬（食研講演会要旨）」、『京都大学食糧科学研究所報告』、53、17-20.

高橋 淑子、寺田 和子（2001）「食肉加工用調味料を使用した鶏もも肉から揚げの食味特性」、『研究紀要』（駒沢女子大学）、34、31-36

池田 敏雄［他］、斎藤 不二男、安藤 四郎（1978）「畜肉の保水力に関する研究-3-畜肉への加塩時期と塩漬日数が保水力におよぼす影響」、『畜産試験場研究報告』、33、15-21

塚正 泰之［他］、福本 憲治、朝井 大、藤間 能之、赤羽 義章、鈴木 富久子、安本 教傳（1989）「豚肉の塩漬期間中の旨味成分の変化」、『日本食品工業学会誌』、36（4）、279-285

藤野 正行［他］、阿武 尚彦、赤羽 義章、藤間 能之、安本 教傳（1989）「通常及び無菌化豚肉中遊離脂肪酸の塩漬ならびに加熱による変化」、『日本食品工業学会誌』、36（4）、286-292

山中 洋之、秋元 政信、金井 聡［他］、鮫島 隆、有原 圭三、伊藤 良（2001）「湿塩法で調製した塩漬肉における微生物叢推移と理化学的変化」、『日本食品科学工学会誌：Nippon shokuhin kagaku kogaku kaishi = Journal of the Japanese Society for Food Science and Technology』、48（11）、835-839

原 知子、吉永 隆夫（2011）「ゆで加熱における鍋容器内の温度分布―具材の大きさによる影響」、『神戸山手短期大学紀要』、（54）、89-96

中村良［他］（1988）、「食品蛋白質のゲル形成機構」、『日本農芸化学会誌』、62（5）、879-881

鮫島 邦彦、安井 勉、（1988）「ミオシンの熱ゲル化反応機構」、『日本農芸化学会誌』、62（5）、892-895

杉山 寿美、水尾 和雅、野村 知未［他］、原田 良子、（2011）、「豚角煮の加熱過程における生姜搾汁、キウイフルーツ果汁の添加がコラーゲン量と脂質量に及ぼす影響」、『日本調理科学会誌』、44（6）、411-416

森本 美里、有泉 文賀、志田 万里子（2010）「マイタケで茶碗蒸しはなぜ固まらないのか―他の食用きのこ類プロテアーゼとの比較」、『山梨学院短期大学研究紀要』、30、7-14

阿部 真紀、小針 清子、秋田 修（2013）「市販塩麹製品と自家製塩麹中の酵素活性比較」、『実践女子大学生活科学部紀要』、50、171-176

山本 直子、大内 和美、歌 亜紀（2014）「塩麹の酵素活性の変動」、『東京聖栄大学紀要』、VOLN6、70

井上貞仁、阿部 茂、能林 義晃、山崎 邦雄、下林 義昭（2002）、「微生物・酵素等の高度利用による高付加価値化食品の開発」、『北海道立食品加工研究センター研究報告 =Bulletin of Hokkaido Food Processing Research Center』、5、1-8

伊藤 雅子、加藤 丈雄、西田 淑男、鳥居 貴佳、深谷 伊和男（2001）、「米味噌麹中のタンパク質分解促進に関する研究」、『愛知県食品工業技術センター年報』、42、35-37

下村 道子、小串 美恵子、山崎 清子（1982）、「加熱魚肉の硬さにおよぼす酒の影響」、『家政学雑誌』、33（1）、27-31

木村 友子、加賀谷 みえ子、福谷 洋子（1992）「鶏肝臓味噌漬の性状と嗜好に及ぼす各種味噌の影響」、『調理科学』、25（2）、110-117

木村 友子、福谷 洋子、加賀谷 みえ子（1991）「鶏肝臓マリネの調製条件と清酒添加の影響」、『日本家政学会誌』、42（2）、151-159

瀬戸 美江、蒲原 しほみ、藤本 健四郎、（2003）、「レバーソ

テーのにおいに及ぼす調理温度の影響」、『日本調理科学会誌』、36（1）、2-7

木村 友子［他］、加賀谷 みえ子、福谷 洋子、菅原 龍幸（1993）「鶏肝臓糠漬の調製条件と焼酎及び砂糖添加の影響」、『日本家政学会誌』44（10）、845-854

木村 友子、小川 安子（1985）「超音波照射の調理への利用効果-3-鶏肝臓の血抜きと脱臭効果の研究」、『家政学雑誌』36（11）、851-860

吉村 美紀、大矢 春、藤村 庄［他］、渡辺 敏郎、横山 真弓（2011）「天然シカ肉加工品の物性および嗜好性に及ぼす多穀麹添加の影響」、『日本食品科学工学会誌：Nippon shokuhin kagaku kogaku kaishi =Journal of the Japanese Society for Food Science and Technology』、58（11）、517-524

辰口 直子、阿部 加奈子、杉山 久仁子［他］、渋川 祥子（2004）「炭焼き加熱特性の解析（第1報）：熱流束一定条件下での伝熱特性の比較」、『日本家政学会誌』、55（9）、707-714

下村 道子（2000）「肉の加熱調理に砂糖を用いる効果」、独立行政法人農畜産業振興機構、http://sugar.alic.go.jp/japan/view/jv_0004a.htm

山本 直子、大内 和美、哥 亜紀、（2013）「塩麹の酵素活性の変動」、日本調理科学会平成25年度大会（8月24日）

厚生労働省
http://www.mhlw.go.jp/

農林水産省
http://www.maff.go.jp/

公益財団法人日本食肉消費総合センター
http://www.jmi.or.jp/

USDA（アメリカ農務省）
http://www.usda.gov/wps/portal/usda/usdahome

CODEX（コーデックス=食品の国際規格）
http://www.codexalimentarius.org/

おわりに

「人生における残り食事回数」は意外と少ない。例えば40歳の人が80歳まで生きたとして、「1日3食×365日×残り40年」＝4万3800食……とはいかない。高齢になれば食も細くなるし、病気になる可能性もある。それでなくても、忙しくてメシ抜きということだってある。たとえ自宅であっても、好きな食事を選べる機会はそう多くはない。

世の中の多くの人にとって、肉はごちそうだ。そんな肉の味わいを底上げするために、この本が何かの形でお役に立てたらこんなにもうれしいことはない。

そして最後に謝辞を。まずマガジンハウスの小澤由利子さん。お待たせした揚げ句ぎりぎりに突っ込んだにもかかわらず、あれこれ見事におさめていただき、ありがとうございました。吉村亮さんはじめ、吉村デザイン事務所のみなさん、タイトなななか、次々に飛び出す勝手な要望をお聞き届けいただき、素晴らしい形にしてくださり、ありがとうございました。

すべての肉好きに幸あれ！

二〇一四年吉月二十九日　松浦達也

〈初出〉

- うまいものばか！
  http://umaimonoholic.blogspot.jp/
- 肉ラボ
  https://www.facebook.com/meatlaboratory
- メンズスキンケア大学「キクニク！」
  http://mens-skincare-univ.com/lifestyle/article/007278/
- All About News Dig
  http://allabout.co.jp/newsdig/
- NEWSポストセブン「大衆食文化百貨」
  http://www.news-postseven.com/archives/tag/series-matsuura
- エキサイトレビュー
  http://www.excite.co.jp/News/reviewgadget/

Special Thanks To

（元）宮崎牛BBQ部準備委員＆参加者各位／給食系男子メンバー＆お客様＆関係者各位／下城民夫会長以下日本BBQ協会バーベキューインストラクター各位／ディスカヴァー・トゥエンティワン各位／dancyu編集部各位／週刊SPA!編集部各位／廣瀬農園各位／肉部【NIC29】各位／マンガ大賞実行委員＆選考委員各位／サンマーソニック参加者各位／乗鞍高原ドイツ製法ソーセージ工房 シュタンベルク・久保弘樹／玉井泰史／小石原はるか／小堀正展／島影真奈美／松澤夏織／斉藤賢太郎／千葉正幸（敬称略）

松浦達也

東京都武蔵野市生まれ。「食べる」「つくる」「ひもとく」を標榜するフードアクティビスト。テレビ、ラジオなどで食トレンドや食ニュース解説を行うほか、「dancyu」などの食専門誌から週刊誌、その他Webサイトなどでの執筆も多数。飲食店徘徊や「食」の仕組みや科学、起源をひもとくのが大好物。参加する調理ユニット「給食系男子」の著書『家メシ道場』『家呑み道場』（ともにディスカヴァー・トゥエンティワン）、『レッツ！粉もの部』（KADOKAWA）では本職の編集・執筆も担当。日本BBQ協会公認上級BBQインストラクター。（有）馬場企画代表取締役。

STAFF

ブックデザイン　吉村 亮＋大橋千恵＋眞柄花穂（Yoshi-des.）
撮影　松浦達也、平沼久奈（P28〜29、P50〜51）
堀内史子（プロフィール）

大人の肉ドリル

家で「肉食」を極める！ 肉バカ秘蔵レシピ

2014年11月27日　第1刷発行
2015年3月27日　第2刷発行

著者　松浦達也
発行人　石﨑 孟
発行所　株式会社マガジンハウス
〒104-8003　東京都中央区銀座3-13-10
編集部　☎03-3545-7030
受注センター　☎049-275-1811
印刷・製本　株式会社リーブルテック

ISBN978-4-8387-2723-0 C0095